ICTを活用した新しい学校教育

原田恵理子・森山賢一 編著

INFORMATION AND
COMMUNICATION TECHNOLOGY
IN EDUCATION

北樹出版

はじめに

　ICT の急速な発展は、グローバル化が進む経済社会に変革をもたらし続けるだけでなく、私達の日常生活やライフスタイルに対しても大きな影響を与えています。子供たちのなかには、パソコンやタブレット PC、携帯電話やスマートフォンなどを身近な情報機器として自由自在に生活の一部として活用し、必要不可欠な存在となっている状況があり、なかには大人以上に使いこなしているといった子もいます。このような状況のなか、学校教育では、ICT 環境の整備と国際的に活躍できるように実社会を生き抜く力として「ICT を活用して課題を解決する能力」を有する人材育成が求められています。このようなことから、ICT を活用した教育は学校教育において必須とされ、初等中等教育の段階から情報教育の推進が強く望まれています。そして、今後より発展するであろう高度な情報化社会において、未来を担う子供たちが社会の変化に対応できる力を身につけていくためにも、発達段階に応じて ICT に適切に触れながら情報活用能力を身につけていることがますます重要になってくるといえます。そのため、学校教育においては各教科等の学習を通してその育成を図ることが求められています。

　本書はそうした観点から、ICT の活用により教育の質の向上を図ってもらいたい、子供に効果的な授業をする上で役立ててもらいたいという願いから企画されました。そのため、情報教育を考えていく上で基礎研究を行っている研究者、ICT を学校教育現場に取り入れて教育を行っている小学校・中学校・高等学校の現職教師により執筆されています。読者の皆様にはどの章から読み始めても内容が理解できるように構成され、情報教育の現状と学校で実践される ICT 教育の意義、校務の情報化とセキュリティ対応、具体的な授業の実践例、情報モラル等について、小学校・中学校をメインとしつつ高等学校までの実践を網羅して紹介する内容となっています。そして、教育現場で実際に行っている情報教育、情報教育を行う上での基礎知識など、情報教育に関心のある人や

これから情報教育に取り組む人にとって情報教育に関するエッセンスをちりばめています。

　「第1部情報教育の目標・意義と校内体制」では、情報教育の現状と意義、教員の校務支援を、「第2部授業改革〜ICTを利用した授業の展開」ではICT教育の具体的な方法と実践内容を、「第3部情報社会への参画と活用」では情報モラルや校内におけるICTの環境づくりとなっています。特に、第2部では実践現場の先生方の奮闘ぶりや工夫が具体的に紹介されておりますので、エッセンスやヒントを児童生徒の効果的な教育のために活かしてほしいと心から願っております。

　最後に、本書は北樹出版の福田千晶さんが以上の思いを汲み取ってくださり、刊行の運びとなりました。完成まで常に的確なご助言とご尽力をしてくださいました。また、執筆者の先生方には、執筆上のいろいろのお願いに快諾してくださるだけでなく、読者の方が読みやすいように工夫をしてくださいました。心より深く感謝申し上げます。

原田恵理子・森山賢一

第Ⅰ部　情報教育の目標・意義と校内体制

第1章　情報教育の現状と求められる授業のあり方【森山賢一】……………12

第1節　わが国における急速な情報の進展とICTを活用した教育の現状 … 12
1．急速な情報化の進展とICT活用の状況（12）　2．わが国における教育の情報化に関する政策動向（13）

第2節　教育におけるICT活用の意義………………………………15
1．現代のICT化社会へ対応する力（15）　2．多様な学習方法による教育の質の向上（15）

第3節　ICT活用における学びの向上と校務の情報化の推進…………16
1．ICT活用における授業の質の向上（16）　2．ICT活用による学びの場の多様性と過疎化、少子化での学びの充実（17）　3．校務の情報化の推進（18）

第4節　情報モラル教育の充実と家庭・地域との連携…………………19
1．情報社会における情報モラル教育の必要性（19）　2．情報モラル教育における学校体制と家庭・地域との連携（20）

第2章　情報教育の現状と求められる授業のあり方【長谷川元洋】…………22

第1節　「教育の情報化」の目的……………………………………22
第2節　教育の情報化により期待される効果と必要となる準備………23
1．情報教育（23）　2．教科指導におけるICT活用（25）　3．校務処理の情報化（26）

第3章　校務の情報化とセキュリティ【滑川敬章】……………………………28

第1節　校務の情報化とは……………………………………………28
第2節　校務の情報化のために必要なもの…………………………29
1．教員のリテラシーと組織（29）　2．ハードウエアとソフト

5

　　　　ウエア（30）　3．ネットワーク管理（31）
　第3節　校務の情報化と情報セキュリティ………………………………31
　　　　1．個人情報の管理とルール化（31）　2．情報資産の管理（32）
　　　　3．リスク情報の共有化と情報セキュリティ意識の向上（34）
　第4節　校務の情報化に向けたアプローチ……………………………34
　　　　1．基本データや文書の共有（34）　2．行事予定の共有（35）
　　　　3．電子メールの活用（35）

第Ⅱ部　授業改革——ICTを利用した授業の展開

第4章　iPad 1人1台導入【松田孝】………………………………………38
　第1節　タブレットPCの導入（平成25年10月～平成26年3月）…………38
　　　　1．1年目の取組（38）
　第2節　iPadの活用（初期段階）………………………………………39
　　　　1．個別機器（スタンドアローン）としての活用（39）　2．校内
　　　　Wi-Fi設備（39）　3．Wi-Fi環境設備に伴うさまざまな試み（40）
　第3節　タブレットPCの活用（平成26年4月～平成26年12月）…………41
　　　　1．2年目の取組（41）　2．タブレットPCを活用した授業の
　　　　実際（6月の授業公開から）（42）　3．iPadを活用した授業の
　　　　実際（45）　4．iPadを活用した授業（47）
　第4節　実施においての成果と課題……………………………………48
　　　　1．絶対的活用（50）　2．タブレットPCの1人1台体制への
　　　　社会的要請の喚起（51）　3．おわりに（51）
　＊コラム：リテラシーとモラル……………………………………………53
第5章　小学校情報科での大型プラズマディスプレイの活用【鈴木二正】………54
　第1節　慶應義塾幼稚舎について………………………………………54
　　　　1．幼稚舎の情報化について（54）　2．情報教室について（54）
　第2節　幼稚舎の「情報科」について……………………………………55

第3節　各教員・各教室の情報環境 …………………………………… 58
　　1．各教員のICT環境（58）2．各教室の情報環境（58）
第4節　大型液晶ディスプレイを活用した実践事例──タブレット端末を活用したお話作り … 61
＊コラム：起業家精神をもって…………………………………………… 64

第6章　タブレット端末・電子黒板の活用【髙瀬浩之】 …………… 65
第1節　電子黒板やタブレットの導入の実際について ………………… 65
第2節　ICT機器を活用した授業を毎月100回以実践 ………………… 66
第3節　英語科の一斉指導の場面で電子黒板を使用する ……………… 68
第4節　数学科の協働学習の場面でタブレット端末を使用する ……… 71
第5節　指導案を検索して入手するのは実は難しい …………………… 74
第6節　まず教室でICT機器の電源を入れよう ………………………… 75
第7節　教材は教科書を中心に……………………………………………… 76
＊コラム：デジタル教科書の動向と活用について【原田恵理子】 …… 78

第7章　私物タブレットとSNS等の活用【永野直】 ………………… 79
第1節　情報コミュニケーション科の設立と概要 ……………………… 79
　　1．学科の特徴（79）2．学科設置のねらい（79）
第2節　タブレット端末導入の形態 ……………………………………… 80
　　BYOD方式のメリット（80）
第3節　BYOD方式のデメリット ………………………………………… 81
　　1．家庭の費用負担（81）2．管理・制限について（82）
第4節　端末の選定と購入方法 …………………………………………… 83
第5節　ネットワーク環境とセキュリティ ……………………………… 84
第6節　iPadの授業での活用について …………………………………… 85
　　1．活用の基本方針（85）2．授業実践事例（86）
第7節　成果と課題 ………………………………………………………… 89
　　1．成果（89）2．課題（89）
第8節　おわりに …………………………………………………………… 90

＊コラム：ICT 活用で学びの姿勢が変わる【日髙学】……………………91
第8章　テレビ会議システムを活用した遠隔教育【滑川敬章】…………… 93
　第1節　テレビ会議システムによる高大連携授業 …………………… 93
　　　　1．テレビ会議システムを利用した遠隔教育実施の経緯（93）
　　　　2．なぜ、遠隔教育を学校教育に導入するのか（93）　3．柏の
　　　　葉高校における遠隔講義（94）　4．遠隔講義のための機器やネ
　　　　ットワーク（96）　5．遠隔講義を成功させるためのポイント
　　　　（98）　6．高大連携による遠隔教育の進め方のポイント（99）
　第2節　Skype を使った遠隔教育 ……………………………………100
　　　　1．Skype とは（100）　2．Skype を使った海外の学校との接
　　　　続の実践例（101）
　第3節　テレビ会議システムによる遠隔教育の今後 ………………102
　＊コラム：インターネット遠隔授業による高等学校と大学との連携の広域化【原田恵理子】…103
　＊コラム：SNS 等のトラブルに対応するソーシャルスキル教育【原田恵理子】…104

第Ⅲ部　情報社会への参画と活用

第9章　情報モラル教育の必要性と教育方法【原田恵理子】……………106
　第1節　情報モラル教育の位置づけ ……………………………………106
　　　　1．「情報モラル」という言葉（106）　2．体系的な情報モラル
　　　　教育に向けて（107）　3．コミュニケーション能力の重要性（110）
　第2節　児童生徒に身につけたい情報モラル …………………………111
　　　　1．情報社会における正しい判断や望ましい態度を育てること
　　　　（113）　2．情報社会で安全に生活するための危険回避の方法の
　　　　理解やセキュリティの知識・技術、健康への意識を育てること
　　　　（114）
　第3節　学習指導要領改訂における「情報モラル教育」………………115
　第4節　情報モラル教育の具体的な内容と取組 ………………………116

1．情報モラル教育における児童生徒の主体的活動（116）
        2．情報モラル教育へのあらたな取組（116）
    ＊コラム：海外におけるICTを利用した心理教育事例【青山郁子】……121
第10章　教育におけるICT活用に向けて【西田光昭】……………………123
　第1節　ICT活用に取り組むステップ……………………………………123
        1．教育の情報化（123）2．どこから取り組むか（124）
　第2節　教育の情報化に取り組む体制づくり……………………………125
        1．教育CIO・学校CIOの位置づけとCIO補佐官（125）
        2．外部組織等の活用（125）3．客観的な判断（125）
　第3節　ICT環境の整備……………………………………………………126
        1．ICT環境で大切にしたいこと（126）2．段階的整備（126）
        3．運用までを整備する（127）4．ICT支援員（128）
　第4節　ICT活用の研修……………………………………………………128
        1．ICT機器活用のスキルと教育内容（128）2．研修の体制（129）
　第5節　ICT活用の視点……………………………………………………129

巻　末　資　料……………………………………………………………………131

第 I 部 情報教育の目標・意義と校内体制

　グローバルな情報通信基盤としてインターネットが主要な位置を占め、子供達のあいだにパソコンやスマートフォンが急速に普及し、われわれの日常生活のさまざまな分野・場面において情報化が進んでいる状況にある。

　第1部においては、わが国における急速な情報化の進展とICTを活用した教育の現状を、政策動向をふまえて取り上げ、授業の質の向上について具体的な内容を示した。また、教育の情報化の目的について整理し、そこでの期待される効果について具体的に解説している。さらに、学校教育の校務に焦点をあて、そこでの情報化とセキュリティについて活用しやすいようにまとめている。

情報教育の現状と求められる授業のあり方

第1節 わが国における急速な情報の進展とICTを活用した教育の現状

1．急速な情報化の進展とICT活用の状況

　グローバルな情報通信基盤としてインターネットが主要な位置を占め、パソコンやスマホなどは子どもから高齢者に至るまでの人々に急速に普及し、情報の受け手、送り手の相互の立場が個人のあいだで頻繁に行われるようになり、われわれの日常生活は大きな変化を遂げている。このようにわれわれの日常生活のなかでのさまざまな分野、場面において情報化は進んでいるわけであるが、この情報化のなかで大量の情報から必要な情報を選択し、さらには情報の表現やコミュニケーションの手段としてコンピュータや情報通信ネットワークをはじめとした情報手段の有効な活用の能力が必要となっている。まさに、わが国の現在の社会的、経済的、文化的、生活的な状況をふまえるならば、情報化の急速な進展についての対応は喫緊の課題といえるのである。

　一方、このような情報化の急速な進展に伴い、情報化の影の部分が存在するわけである。インターネット上での誹謗中傷やいじめ、さらには犯罪や違法・有害情報等の問題が多く発生しており、ここでは「情報モラル」が大きく求められている。このような社会経済情勢のなかで、わが国の学校教育においても2008（平成20）年1月の中央教育審議会答申で「社会の変化への対応の観点から教科等を横断して改善すべき事項」のひとつに、「情報教育」があげられ、そこでは「情報活用能力をはぐくむことは、基礎的・基本的な知識、技能の確実な定着とともに、発表、記録、要約、報告といった知識・技能を活用して行う言語活動の基盤となるもの」と示されている。さらには情報化の影の部分であるインターネット上の誹謗中傷、いじめ、有害情報、ウィルス被害の問題、

個人情報の流出、プライバシーの侵害などの対応として、情報モラルについての指導の重要性が指摘されている。

これらのことを受け、2008（平成20）年3月の小学校及び中学校の学習指導要領告示では、教育の情報化に関わって、情報教育及び教科指導におけるICT活用の両面で充実が図られた。2009（平成21）年3月の高等学校及び特別支援学校の学習指導要領告示においては、小・中学校と同様に情報教育及び教科指導におけるICT活用についてのさまざまな充実が図られている。現在、学校教育においては、教育の電子化、電子黒板やタブレット端末、デジタル教科書をはじめとして、ICTを活用した教育が多くの実際の場面で導入されており、急速な普及により今日に至っている。

2．わが国における教育の情報化に関する政策動向

まず、わが国における近年の教育の情報化に関する政府の主な政策についてみてみることにしよう。

2006（平成18）年1月に、「ＩＴ新改革戦略」が策定された。これはＩＴの構造改革力を追求し、世界のＩＴ革命を先導するフロントランナーとして、わが国が国際貢献できる国家を目指して策定されたものである。ここでは学校における教育の情報化について、ＩＴ新改革戦略のなかで「人財育成・教育」がＩＴの基盤整備のための施策の一つとして位置づけられ、具体的内容としては重点計画として、学校のICT環境の整備、教員のICT指導力の向上、校務のICT化推進、情報モラル教育の推進などが示された。

2008（平成20年）7月に教育基本法に基づき、教育の振興に関する施策の総合的、計画的な推進を図るために閣議決定された「教育振興基本計画」においては、「今後の5年間に総合的かつ計画的に推進すべき施策」77項目のうちに教育の情報化について、情報モラル教育、教育現場のICT化、教育用コンピュータ、校内LAN等のICT環境の整備などの支援が掲げられ推進された。

また、2009（平成21）年4月には、さきに述べた「IT新改革戦略」の策定時には想定していなかったデジタル技術の具現化ならびに当時の世界的な金融危

機に伴ってのわが国の経済の失速などにより、「デジタル新時代に向けた新たな戦略（三ヶ年緊急プラン）」が策定され、デジタル教育の推進とデジタル活用人材の育成・活用について関係府省・機関が一体となり取り組むことが位置づけられた。同年7月には「i-Japan戦略2015」が策定され、「教育・人財分野」のなかに、教育の情報化についての将来ビジョンおよび目標、具体的な方策が示された。

　2010（平成22）年5月には「新たな情報通信技術戦略」が策定され、「地域の絆の再生」の重点戦略のなかに、「2020年までに、情報通信技術を利用した学校教育・生涯学習の環境を整備すること等によりすべての国民が情報通信技術を自在に活用できる社会を実現する。」と示された。同年6月に閣議決定された「新成長戦略」には、「科学・技術・情報通信立国戦略～IT立国・日本～」が掲げられ、情報通信技術の利活用の促進が急務であることが述べられた。

　文部科学省においては2011（平成23）年4月に今後の教育の情報化推進にあたり、その基本的な方針として「教育の情報化ビジョン」を公表した。ここでは、3つの側面として、情報活用能力の育成、教科指導における情報通信技術（ICT）の活用、校務の情報化を掲げ教育の質の向上を目指すことが示された。さらに2013（平成25）年6月には国家戦略として閣議決定された「日本再興戦略」や「世界最先端IT国家創造宣言」において、2010年代中に1人1台の情報端末による教育の本格展開に向けた方策を整理し、推進することなど、まさにICT活用による教育の推進が盛り込まれるとともに、2013（平成25）年に閣議決定された「第2期教育振興基本計画」でもICTを活用した教育の推進が示されている。

　このような経緯のなかで、文部科学省においては2014（平成26）年4月「ICTを活用した教育の推進に関する懇談会」が設置され、ICT活用について初等中等教育に関して取り組むべき施策の方向性が報告書として取りまとめられている。

第2節　教育における ICT 活用の意義

1．現代の ICT 化社会へ対応する力

　ICT の急速な発展は、グローバル化の進む世界的規模での経済社会に大きな変化をもたらしているわけであるが、このことは、われわれの日常生活そのものに対しても大きな影響を及ぼしているといっても過言ではない。今後はさらに、急速かつ大きな変化が十分に予想されるわけである。
このような情報化社会といわれる変化の激しい社会においては子供たちのみならず、高齢者に至るまで、国民がよりよく生きていくために情報活用能力を身につけることは重要な課題となっている。
　まさに、これからの将来を担う子供たちに対してそれぞれの発達段階に応じて実際に ICT に触れさせ、社会の変化に対応できる情報活用能力を育成することが強く求められるわけである。

2．多様な学習方法による教育の質の向上

　学校教育において学習指導の目的を達成するために、多様な学習形態を取り入れることが重要である。学習活動の形態については、観点の据えるところによってさまざまな分類がなされるが、学習集団の組織に注目をすれば、一斉学習、小集団学習、個別学習などの学習形態があげられる。学習目標をふまえて、多彩な活動を組みあわせることが前提であるが、ICT の特長を活かすことによって一斉学習に加え、個別学習や協働学習の充実が可能であるとされる。
　とくに ICT の特長としては、「ICT を活用した教育の推進に関する懇談会報告書（中間まとめ）」において、以下の３点が示されているが非常に参考になる。
①時間や空間を問わずに、音声・画像・データ等を蓄積・送受信できるという、時間的・空間的制約を超えること
②距離にかかわりなく相互に情報の発信・受信のやりとりができるという、双方向性を有すること
③多様で大量の情報を収集・編集・共有・分析・表示することなどができ、

第1章　情報教育の現状と求められる授業のあり方　　15

カスタマイズが容易であること

ここにあげられたICTの特長が十分に活かされることによって、授業の展開が充実し、一斉学習、さらには個別学習や協働学習がより効果的に実施できるのである。

実際にICT活用によって容易となる授業場面として、距離や時間を問わずに児童生徒の思考の過程や結果を可視化すること、教室やグループでの大勢の考えを、距離を問わずに瞬時に共有すること、さらには観察・調査したデータなどを入力して、図やグラフ等を作成するなどをくり返し思考錯誤することなどがあげられる。

第3節　ICT活用における学びの向上と校務の情報化の推進

1．ICT活用における授業の質の向上

これまで先導的にICTを活用した学校での取組において、ICT活用による効果的な学びの場面として、一斉学習での児童生徒の興味・関心を高める学びや、個別学習での児童生徒一人一人の能力や特性に応じた学び、児童生徒同志が教えあい、学びあう学び、特別支援教育での障害の状態、特性等に応じた学習活動などがあげられており、授業の向上に対して大きく期待されている。

これらの授業における具体的な授業展開例としては、体験学習、実験・観察などを行い、その情報を映像やデータなどによって記録し、実験とデジタルデータを合わせて理解を深めたり、思考力を高めたりする授業や、従来の授業では実体験が困難な事象について、デジタル教材を活用して、視覚化を図ることによって、理解を深める授業、さらには、情報端末や電子黒板などを用いて、個人やグループの考えを即時に整理・発表したりする授業などがあげられている。

ここでは、児童生徒の発達段階に応じて、ICTを活用した指導等に取り組むことが課題である。

一方、2013年度の全国学力・学習状況調査学校質問紙調査の結果からみると、

「前年度までに、コンピュータ等の情報通信技術を活用して、子供同志が教え合い学び合う学習（協働学習）や、課題発見・解決型の学習指導をおこないましたか」という質問に対して、「よく行った」、「どちらかといえば、行った」と回答した学校の割合は、小学校においては、46.7％であり、中学校では45.2％という数値となっている。実際においては半数以下の学校での取組となっていることも事実としてとらえなければならない。今後の積極的な取組がのぞまれる。

2．ICT活用による学びの場の多様化と過疎化、少子化での学びの充実

ICTの活用は、学校教育の中心である授業に限られるものではなく、校外、あるいは自宅においても、児童生徒が収集した情報を自ら編集したり、デジタル教材により学習することになどよってより学びが深まっていくのである。「ICTを活用した教育の推進に関する懇談会」(2014)の報告書においては、学びの多様化に関しての取組の例として「タブレットPCが1人1台利用できる環境であることを前提に、家庭などで翌日の授業内容に関する動画を見て知識の習得を行い、学校の授業においては、協働的な問題解決能力の育成のために、児童生徒による教え合いや学びあいを行う授業」などがあげられている。

さらにICT教育の指導方法として反転授業はICT活動による今後の学びの場の多様化にとって注目されるものである。反転授業とは、これまでの学習の主流であった復習を重視したスタイルではなく、予習を重視した授業であり、児童生徒全員に1人1台のタブレットPCを持たせて、そこに取り込んだ教材動画を家庭で見ながら予習を行い、それをもとにして、学校で学びあうというような授業方法である。実際に学校と家庭のシームレスな学習環境の構築、家庭での事前学習と連携した授業として効果的であるとの期待が寄せられている。このようなことから、ICT活用による学びの場の多様化は子供たちの主体的な学びをより一層推進していくであろう。

わが国の社会全体に目を向けると、生産年齢人口は減少に歯止めがかからず、

一方、人口に占める高齢者の割合は増加の一途といった深刻な状況であり、少子化・高齢化の進展は、わが国の学校教育の根幹を揺るがしているといってよい。現実の問題として、小学校・中学校・高等学校の在学者数も各学校数も減少傾向にある。このようななか、とくに離島・過疎地等では、学校統廃合も困難な小規模学校の増加が避けて通れないといったことも懸念されている。このような状況におかれた学校においては、児童生徒の社会性の育成をはじめとして、児童生徒同士の学びあい、多様な体験を通じた課題探究型学習などの学びに支障を来たすこととなり、教育そのものの質の確保が課題となっている。

このような状況のもとで、ICTの活用には大きな期待が高まっているわけである。具体的には、ICTの活用によって遠隔地間の学校での教室や施設等をつなげることによって、年間を通じて合同授業や合同活動を行うことも考えられる。

3．校務の情報化の推進

わが国の学校教育において、教師の多忙化は近年とくに大きな課題となっている。OECD（経済協力開発機構）による国際教員指導環境調査（TALIS）の2013年のデータでは、わが国の教師の１週間あたりの勤務時間は53.9時間であり、調査参加国平均の38.3時間と比べきわめて長く、参加国最長であることが示されている。さらにわが国の教師は、一般的事務業務に費やす時間が非常に長いといった特徴も注目すべき点である。このような教師を巡る状況のなかで、効率的な校務処理を行うことは教師が行う教育活動の質を向上させることに重要な鍵となるわけである。

校務の情報化の目的は、校務が効率的に遂行できることになることによって、教職員が児童生徒の指導に多くの時間を割くことができるようになり、教育活動の質に改善をもたらすことである。

現状においては、校務の情報化は十分に進行していない状況もある。このために校務の情報化を推進するための校内環境の整備をはじめとして、課題を明確にして改善していく方向が示されている。

校務の情報化が進展すれば学校全体に改善がみられ、校内環境の整備をはじめとして教育の質の向上につながっていくわけである。業務の軽減と効率化と教育活動の質の改善の具体的内容として、児童生徒に対する教育の質の向上ならびに、学校経営の改善、効率化が進展するといえる。たとえば、今後ICTを活用した学習であるデジタル教材やタブレット端末等を利用した授業が展開されれば、そこでの児童生徒の学習記録データが多く蓄積されることとなり、担当する教師はこれらの豊富なデータを活用するわけである。したがって、情報管理の安全性に十分な配慮が必要不可欠な要素となり、そこでは校務支援のシステムの高度化の観点が必要な視点としてあげられる。

第4節　情報モラル教育の充実と家庭・地域との連携

1．情報社会における情報モラル教育の必要性

わが国における社会の情報化は大きく進展し、スマホ、パソコンなどを通したインターネットの過度な利用等によるところのネット依存、ネット被害、ネット上の犯罪、ネット上への不適切な投稿による問題など、情報化の「影」の部分が大きな課題となっている。学校教育においてはタブレットPCの導入・活用が進み、それは学習環境に大きな変化をもたらし、学習の効率化、ICTの特長を十分に活かした授業展開がみられるようになった。児童生徒間においても、スマホ、SNSの急速な普及により、児童生徒の生活そのものにもさまざまな影響が出ている。具体的にはネット依存による生活リズムの崩壊や学習時間の確保にも大きな影響を及ぼしたりと好ましくない状況が頻出している。

2015年2月、内閣府の「青少年インターネット利用環境実態調査」によれば、小学生から高校生までのネット利用時間は1日平均で2時間23分になることが示された。また60％を超える高校生がスマホで2時間以上ネットを利用している現状が明らかにされている。またネットいじめについては、現在、生徒指導上あらたな喫緊の課題となっている。

児童生徒の所有状況については平成25年度の「青少年インターネット利用環

境実態調査」の結果によれば、小学生13.6％、中学生47.4％、高校生82.8％という、高い所有率であり、高校生においては8割を超えている状況である。

このような現状のもとで、ITCが今後も急速に進展を続けるわが国の社会において、児童生徒に「情報モラル」に関しての指導を行うことは、現代の教育上重要な点としてあげなければならない。

ここで「情報モラル」とは、小学校、中学校、高等学校及び特別支援学校の学習指導要領解説総則編及び道徳編によると、「情報社会で適正に活用するための基となる考え方や態度」のことであり、その範囲については、他者への影響を考え、人権、知的財産権など自他の権利を尊重し、情報社会での行動に責任をもつこと、危険回避など情報を正しく安全に利用できること、コンピュータなどの情報機器の使用による健康とのかかわりを理解することなどが含まれる。

ここでは、児童生徒の発達の段階に応じた体系的な情報モラル教育に取り組まなければならない。さらに、情報モラル教育の実施については、学校全体で組織的、体系的に取り組むことが重要である。学校としての組織的対応によって、教職員が現代の情報化の進展に十分対応し、そのなかで保護者の協力を求めるといった方向ですすめられなければならない。

2．情報モラル教育における学校体制と家庭・地域との連携

情報モラル教育の推進にあたっては、さきに述べたように、学校全体として取り組むことが大前提であることは言うまでもないが、学校内の体制づくりが明確になっただけでは情報モラル教育の充実はのぞめない。

現状からみて、児童生徒がスマホやパソコン等を通してインターネット上のトラブルに巻き込まれたり、関わったりする状況の多くは、保護者自身が契約内容や児童生徒の実際の利用状況などを十分に理解していなかったことに起因するようなことが多い。また、保護者のICT教育についての認知度もまだ高くないが、一方では、ICT教育にマイナス面や不安を感じている保護者は数多く存在するといわれる。

このようななか、まず第一に学校と家庭における理解の共有が図られなけれ

ば情報モラル教育は充実していくことはないであろう。

　さらには、情報モラル教育が効果的なものとなるためには、学校・家庭・地域が連携して、定期的に情報モラル教育に関する最新情報についての共有を図ったり、全体として取り組むイベント等を開催することなどを積極的に進めることが必要である。

（森山　賢一）

【引　用　文　献】

文部科学省（2010）．教育の情報化に関する手引
ICTを活用した教育の推進に関する懇談会（2014）．ICTを活用した教育の推進に関する懇談会報告書（中間まとめ）

2 情報教育の現状と求められる授業のあり方

第1節 「教育の情報化」の目的

　「教育の情報化」の目的は、「変化の激しいこれからの社会を生きる子どもたちに身につけさせたい［確かな学力］、［豊かな人間性］、［健康と体力］の3つの要素からなる力」である「生きる力」（文部科学省，2003）を習得させることである。

　この「教育の情報化」には、「情報教育〜子どもたちの情報活用能力の育成〜」、「教科指導におけるICT活用〜各教科等の目標を達成するための効果的なICT機器の活用〜」、「校務の情報化〜教員の事務負担の軽減と子どもと向き合う時間の確保〜」の3つが含まれている（文部科学省，2010）。

　この情報教育には3つの目標（表2-1）があるが、ここで留意すべきことは、「情報教育の目標」の説明文のなかには、コンピュータ、タブレットPC、インターネット、クラウドサービス等の言葉は一切なく、紙に書かれた情報や口述する情報等のアナログ情報も対象としていることである。状況や目的に応じて、デジタルとアナログの情報や情報手段を使い分ける能力を児童生徒に身につけさせることも目指す必要がある。

　そして、「教科指導におけるICT活用」は、教科の学習目標を達成するためにICTを活用することが目指されている。「校務の情報化」の

確かな学力
基礎的な知識・技能を習得し、それらを活用して、自ら考え、判断し、表現することにより、様々な問題に積極的に対応し、解決する力

豊かな人間性
自らを律しつつ、他人とともに協調し、他人を思いやる心や感動する心などの豊かな人間性

健康・体力
たくましく生きるための健康や体力

図2-1　生きる力（文部科学省，2003）

目的は教員の事務負担を軽減して子供と向きあう時間を確保することであることから、これも子供への教育指導を充実することが目指されているといえる。

このように、教育の情報化と「生きる力」の育成とは密接な関係があり、教育の情報化は「生きる力」を達成するための手段であることを念頭に置いて、教育の情報化を進めていくことが重要である。

第2節　教育の情報化により期待される効果と必要となる準備

「情報教育」、「教科指導におけるICT活用」、「校務の情報化」のそれぞれについて以下に述べる。

1．情 報 教 育
（1）期待される効果

教育の情報化によって、情報教育の3つの目標（表2-1）に含まれている各要素の達成が期待される。

「情報活用の実践力」が身につけば、コンピュータやタブレットPCを学習の道具として活用することが可能になり、情報の収集、加工、編集、表現、発表、発信を行う学習活動を行うことができるようになる。これによって、生徒が能動的に学ぶアクティブ・ラーニングの実践が容易になり、知識や技能の習

表2-1　情報教育の目標（文部科学省，2010）

1）情報活用の実践力 　課題や目的に応じて情報手段を適切に活用することを含めて、必要な情報を主体的に収集・判断・表現・処理・創造し、受け手の状況などを踏まえて発信・伝達できる能力 2）情報の科学的な理解 　情報活用の基礎となる情報手段の特性の理解と、情報を適切に扱ったり、自らの情報活用を評価・改善するための基礎的な理論や方法の理解 3）情報社会に参画する態度 　社会生活の中で情報や情報技術が果たしている役割や及ぼしている影響を理解し、情報モラルの必要性や情報に対する責任について考え、望ましい情報社会の創造に参画しようとする態度

得にとどまらない、深い学びを実現できる。

「情報の科学的な理解」や「情報社会に参画する態度」の目標も達成されれば、写真や動画などの大きなファイルサイズのデータをメール等で送信する際に相手の受信環境を考慮して、目的達成に必要な画像の鮮明さを確保しつつ、データを圧縮して送信する等の行為ができるようになることも期待できる。

（2）必要となる準備・対策

（1）に述べた効果を得るために必要な準備・対策について、情報教育の3つの目標別に述べる。

「情報活用の実践力」では、ICTを学習ツールとして、各教科の授業やさまざまな学習活動のなかで、児童生徒が活用できるよう、教師間、学級間で差が出ないよう、学校全体で情報教育の指導計画を策定し、キーボード入力等の基本的な操作スキルから教科指導のなかでのICT活用までを計画的に行うことが重要である。近年、タブレットPCの普及に伴い、キーボード入力ができなくてもPCの操作が可能になってきているが、タッチタイピングができるレベルのキーボード入力スキルを身につけさせることで、ICTを思考のためのツールとして活用できる可能性が高まるため、キーボード入力スキルの習得のための指導を早い段階で行うことが望ましい。

すべての教師が情報機器を活用した授業ができるためには、研修の機会が必要となるが、多忙な教育現場では、年に何度も研修会を設定できるわけではない。そのため、日頃から、教師間で教えあい、学びあえる状況を作ることは、すべての教師がICTを活用した授業を行える状況を作るために、非常に重要である。

次に、「情報の科学的な理解」では、コンピュータや情報通信ネットワークのしくみ等をわかりやすく解説した掲示資料の準備や、情報通信ネットワークの普及により、社会全体がますます便利になっていることや、逆に問題になっていることなどを、情報ツールやデジタルデータの特性などから解説した資料の準備が必要になる。また、中学校では技術・家庭科、高校では情報科で取り扱う、情報技術の内容を、各教科等でICTを活用した学習をする際に活用で

きるように指導することが望まれる。たとえば、写真やビデオデータが含まれる発表資料を送信する際に、受信者のインターネット環境や送信手段の上限容量の条件等を考慮して、データを圧縮したり、ネットワークストレージサービスを利用した送信方法を選択したりするなど、情報技術の知識を活用した判断が必要な場面を設定することが考えられる。

　各教科等で情報を収集、加工、表現、発表をした学習活動を行った後、入手した情報の信頼性の評価や情報活用の仕方について考察させ、今後の改善策を考えさせる場面の設定も必要である。

　そして、「情報社会に参画する態度」では、学習指導要領に定められているように、道徳や各教科等で情報モラルの指導を行うことを、すべての教師が自信をもってできるよう、研修の機会を準備することに加え、授業で使用できる教材の購入や年間指導計画の立案等も必要になる。

　また、情報の受け手としてだけではなく、情報の発信者として、望ましい行動がとれるよう、児童生徒が情報発信を行う活動を計画することも必要となる。

　とくに、児童生徒にタブレットPC等を1人1台ずつ使わせて、ICTを活用しようとしている学校では、「情報社会に参画する態度」をしっかりと指導して、児童・生徒が問題のある使い方をしないようにすることが、ICTを有効に活用するために重要となる。また、情報端末を児童生徒に買い与えている家庭の問題であるとされてきたことが、学校管理下で起きる問題になることも意識して、「情報社会に参画する態度」を育てる必要がある。

2．教科指導におけるICT活用
（1）期待される効果

　情報機器を教具・学習文具として活用し、基礎基本の定着や応用力、創造性の伸長などが期待できる。とくに、協働的な学びを行う活動を授業のなかで取り入れれば、自分の考えを表現し、それを共有、発信する必然性が生まれ、それらを行うためにICTが有効に機能し、充実した学習活動になる。

（2）必要となる準備・対策

まずは環境整備が必要であることはいうまでもない。情報機器を使いたいと思った教師がすぐに簡単に利用できるような環境整備が必要である。大型液晶テレビに複数の機器が接続されている場合はスイッチで画面切り替えをできるようにするなどの細やかな配慮をしておいたり、操作方法を写真入りで説明した資料を機器の近くに掲示したりしておいたとすると、情報機器の操作に苦手意識をもっている教師にも利用しやすい環境となり、機器の活用が促進される。

3．校務処理の情報化
（1）期待される効果

校務処理の情報化によって、データを成績表等から転記する通知表作成や定型文書作成の事務作業が軽減されることが期待できる。これは、管理職、養護教諭、事務職員を含めた全教職員にとって、大きな効果が期待できる。また、「いいとこみつけ」（小牧中学校，2004）という、学級、学年の枠を超えて児童生徒の良いところを記録したデータを蓄積し、それを通知表に掲載する取組を行えば、一人ひとりの児童生徒の良い点を評価できる。ICTの活用によって、一人ひとりの児童生徒の良い点を認めてあげるという理想的な通知表を作成し、児童生徒の意欲を高め、成長を促すことが期待できる。

また、学校教育法では「第四十三条　小学校は、当該小学校に関する保護者及び地域住民その他の関係者の理解を深めるとともに、これらの者との連携及び協力の推進に資するため、当該小学校の教育活動その他の学校運営の状況に関する情報を積極的に提供するものとする。」（中学校、高校についても準用）と定められており、学校Webサイトを活用した情報提供を行うことで、保護者、地域住民に学校の取組を理解していただき、保護者、地域との連携協力を推進できることが期待できる。

（2）必要となる準備・対策

準備として校務支援のシステムの導入が必要である。その際、学校の業務内容をよく理解している業者を選択することが、現場で使いやすいシステムを構築するために重要となる。また、自治体や学校法人が定める情報セキュリティ

ポリシーの実施手順の策定が未実施の場合は、自治体の情報管理について管轄している部署と連絡をとりながら、実施手順を策定する必要がある。なお、自治体が定める情報セキュリティポリシーが教育委員会事務局の管轄する教育用ネットワークを対象としていない場合は、教育委員会がセキュリティポリシーを策定し、各学校はそれの実施手順を策定する必要がある（長谷川，2010）。

（長谷川　元洋）

【引用文献】
文部科学省（2003）．確かな学力，
　　http://www.mext.go.jp/a_menu/shotou/gakuryoku/korekara.htm（2014年12月14日）
教育家庭新聞社（2014）．大阪市の校務情報化　事業１年目の成果
　　ワンソース・ワンマスタ運用で　教員の校務処理168時間減に
　　http://www.kknews.co.jp/maruti/news/2014/0901_5b.html
小牧市立小牧中学校（2004）．平成16年度小牧中学校の教育，小牧市立小牧中学校（非売品），21, p. 16.
長谷川元洋（2010）．新指導要録と個人情報管理のポイント，小学校・中学校「新指導要録」解説と記入，教育開発研究所，90-94

校務の情報化とセキュリティ

第1節 校務の情報化とは

校務とは、学校運営に必要なさまざまな仕事を指す言葉であり、広い意味では学校内のすべてが校務である。教員、管理職（校長、教頭等）、養護教諭、司書教諭、事務職員など、それぞれの立場でもその内容は変わってくる。ここで

表3-1 JAPET 校務情報化調査研究委員会における校務の定義
（平成18年度文部科学省委託研究　校務情報化の現状と今後の在り方に関する研究）

		学校の業務		
		校務（学校事務）	事務以外の実務	授業
実施者	教員	(1) 教員事務 ・教務関連事務 　（成績処理、通知表作成、 　教育課程編成、時間割作成等） ・学籍関連事務（転出入関連事務、 　指導要録管理、出欠管理等） ・保健関係事務（健康観察・報告等） ・各種報告書作成 ・各種お便り作成等	(4) 教員実務 ・見回り ・点検作業等	(7) 授業 ・授業 ・課外授業
	管理職 （校長等）	(2) 管理職事務 ・業務報告 ・稟議 ・予算要求　等	(5) 管理職実務 ・見回り ・点検作業 ・教職員管理・指導等	
	事務官・ 現業職員	(3) 事務官・現業職員事務 ・出退勤管理 ・出張申請 ・預かり金管理 ・献立作成・報告 ・物品購入・管理 ・各種情報処理　等	(6) 事務官・現業職員実務 ・現業業務 ・見回り ・保守点検等	

は、主に教員の立場での校務について考えることにする。

校務の情報化の目的

近年、保護者や地域住民の学校教育へのニーズの多様化、情報化への対応など、学校現場での仕事量は増えている。教員の多忙化の問題も各所で取り上げられ、文部科学省でも教員の勤務負担軽減等に関する事業が行われるようになっている。そのようななか、校務の情報化を推進する目的は、「効率的な校務処理とその結果生み出される教育活動の質の改善」(文部科学省, 2010) にある。

多忙の原因としては、校務分掌に係る業務や成績処理、学校行事などが上位にあげられている (図3-1)(栃木県教育委員会, 2012)。これらを情報化することによって効率的に遂行できるようになれば、児童生徒と接する時間を増やすことができ、教員本来の仕事である教育活動の質を向上させることができる。すべては児童生徒のためであり、「校務を情報化すること」が目的ではない。

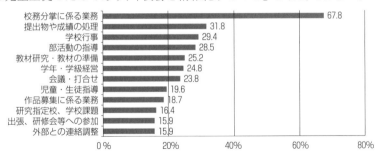

図3-1　多忙の原因 (栃木県教育委員会, 2012)

第2節　校務の情報化のために必要なもの

1. 教員のリテラシーと組織

校務を情報化する際、コンピュータやネットワークなどの環境整備を先に考えてしまうが、まず教員が情報化の意義を理解し、対応できるリテラシーを身につける必要がある。同時に、情報化の根幹となるシステムを管理・運用するための担当者や組織について、校内での位置づけや担当者の育成についてもあ

わせて検討していく必要がある。

2．ハードウェアとソフトウェア

　できれば、1人1台のコンピュータが配備されることが望ましい。ドキュメントスキャナなどの周辺機器などもあると紙の資料を電子化して共有することができる。また、校務用ネットワーク、情報共有やコミュニケーションのためのサーバ、校務システムやグループウェアなどのソフトウェアも必要である。

　ソフトウェアについては、事務処理用のOffice系ソフトウェアのほか、生徒情報の共有や教員間の情報交換のための掲示板、スケジュール共有、施設管理、時間割作成、成績処理、出欠管理などの校務用ソフトウェアも必要である。これらの機能が含まれた学校向けのグループウェアもあるが、導入費用や運用の手間を考えると、最近サービスが始まっているクラウド化された学校向けグループウェアをインターネット経由で利用する方法もある。しかし、現在の教育委員会等のルールのなかでは個人情報の管理問題があり難しい面がある。

　校務用ネットワークでは生徒の個人情報や成績等を扱うので、授業用ネットワークとは物理的、または論理的に切り離す必要がある。L3スイッチなどを使って、図3-2のように校務用ネットワークからのみ授業用ネットワークに通信できるようにしておくなどの対応が必要である。

　なお、古い学校では、職員室などでコンピュータやプリンタの数が増えると

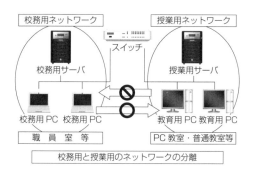

図3-2　校務用ネットワークの構成例「教育の情報化に関する手引」（文部科学省，2012）

電源容量が足りなくなる場合もある。電源というインフラが情報化推進の妨げになる場合もあるので注意が必要である。

3．ネットワーク管理

多くのコンピュータを接続し、サーバ上で情報を共有するためには、ネットワークやサーバの管理が必要になる。サーバ上のファイルやフォルダにはアクセス権を適正に設定しなければならないし、そのためには教職員一人一人が個別のユーザIDでログインする必要がある。

また、あわせて校務用ネットワークにつながっているコンピュータの管理も非常に重要である。児童生徒に触れられないように管理するとともに、OSやセキュリティ対策ソフトウェア等のアップデートなどの管理もしなければならない。

第3節　校務の情報化と情報セキュリティ

1．個人情報の管理とルール化

校務の情報化を推進する際には「情報セキュリティ」にも注意を払わなければならない。学校には、児童生徒の成績だけでなく住所や電話番号、家族構成、保健関係の情報など、多くの個人情報が存在する。その管理については、基本的に紙媒体の場合と同じであるが、デジタル化された情報は、検索が容易、加工して再利用が可能などの利便性が高い一方で、不注意により一瞬で消失してしまう、コピーや複製が容易で大量の情報もUSBメモリ1つで持ち出せてしまうなど、特有の問題もある。

NPO日本ネットワークセキュリティ協会（2013）の調査によれば、個人情報漏洩の原因の約80％は誤操作、管理ミス、紛失・置き忘れといった人的な要因で、そのうち教員側の明らかな失態である管理ミスは449件（32.3％）もある（図3-3）。管理ミスは、組織内で情報の管理についてルールが整備されていないか、ルールが守られていないことが原因となりやすい。データのバックアップなど

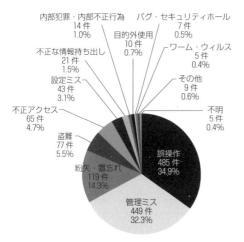

図3-3 個人情報漏洩の原因
（NPO日本ネットワークセキュリティ協会，2015）

のデータ消失対策はもちろんであるが、紙媒体に出力したものの管理なども含めて、個人情報やデータの管理を適正に行うためのルールを定め、すべての教員がそれを理解して実行し、個人情報漏洩に対する的確な予防と対策を教員個人と組織において実施していかなければならない。

2．情報資産の管理

電子化された情報だけでなく紙媒体の情報も含めて、校内の情報資産を管理し、校務で扱っている情報資産を「見える化」するために、たとえば図3-4のような情報資産リストを作成する。各分掌で管理している個人情報を明確にして、教職員にその管理の重要性を意識づけるとともに、学校全体の管理者が校内の情報管理を把握できる体制を構築することが重要である。また、保管期間や廃棄（データ消去）の方法などについてもあわせて明確にするなど、必要な情報をしっかりと管理するしくみづくりが大切である。

次に、これらの情報資産を守るには、どのような対策を取るべきか。脅威となる要因や脅威に対する脆弱性について検討する。たとえば、サーバに生徒の成績情報が保存されていて、それに誰でもアクセス可能であれば、誤操作による消去という脅威があり、また、USBメモリの使用を認めていれば、情報の持ち出しや紛失などに対する脆弱性につながる。脅威や脅威に対する脆弱性からリスクの大きさを評価し、リスクに対する具体的な対応策を検討する必要がある。

リスク対応策は、運用面と環境面の両面から考える必要がある。運用面とは、情報資産を扱うにあたって教員が守るべきルールの徹底などであり、環境面と

は、コンピュータやネットワーク等の機器の管理や安全対策などである。

情報資産		管理者	作成者	保存形態	保存場所	公開対象者	主な記載内容	重要度
種別	名称	分掌名・役職等		紙 電子媒体	ファイルサーバー、記録メディア等	一般公開、校内（職員及び生徒）、職員のみ等	資産内の項目名等	校内における重要度保存義務、他への影響等
学籍関連	卒業生台帳	教頭		紙			卒業生の氏名、住所、生年月日等	大
	指導要録（学籍）	教務主任		紙			児童生徒の氏名、住所、保護者等	大
	出席簿	教務主任		紙			出欠席の状況	大
成績関連	定期考査問題	教務主任		電子媒体	USB	職員	試験問題	大
	成績一覧	教務主任		電子媒体	ファイルサーバー	職員	評価結果	小
	通知票	教務主任		紙			評価結果	大
生徒指導関連	家庭環境調査	教頭		紙		職員	氏名、住所、連絡先、保護者等	大
	緊急連絡網	教頭		電子媒体	ファイルサーバー	校内・該当学級	氏名、連絡先	小
	指導記録	生徒指導主任		紙			氏名、指導状況	小
保健関連	健康診断票	養護教諭		紙			氏名、健康診断結果、発育状況	大
	保健調査票	養護教諭		紙			氏名、健康状況	小
進路指導関連	進路結果	進路指導担当		電子媒体	CD	一般	氏名、進路先	小
	進路指導票	担任		紙			氏名、進路希望	大
	入試成績	担任		電子媒体	ファイルサーバー	校内	氏名、成績	大
	調査書	担任		電子媒体	ファイルサーバー	校内	氏名、成績、履修状況	大
	模試結果	進路指導担当		紙			氏名、成績	小
事務関連	身分一覧	教頭		紙			氏名、住所、履歴、家族構成	大
	給与支払い明細書	事務		紙			氏名、給与金額、銀行口座	大
	学校納入金振替記録	事務		紙			氏名、口座、引き落とし状況	小

図3-4　情報資産リスト　（財団法人コンピュータ教育開発センター，2007より作成）

第3章　校務の情報化とセキュリティ

3．リスク情報の共有化と情報セキュリティ意識の向上

校内の情報管理を見直す際、これまでにあった危なかった事例を整理し、情報セキュリティに関するリスク情報を共有化することも大切である。実際の事例を通して、情報を取り扱う際のルールの遵守やリスクにつながる行動の抑止等について教職員の意識を高めていくことが求められる。

第4節　校務の情報化に向けたアプローチ

校務の情報化のための環境の構築は簡単にできるものではない。しかし、1人1台コンピュータの導入推進やクラウド化された校務システムの普及など、おそらくここ数年でこれまで以上に大きな変化があるだろう。そのため、ここではグループウェアなどの校務システムではなく、通常のネットワーク環境での校務の情報化に向けたアプローチを考えてみたい。

1．基本データや文書の共有

デジタル化された情報のメリットは、蓄積性、検索性、再利用性である。まずは、誰でも必ず使う基本的なデータや、校務分掌・行事に関する文書データの整理・共有を推進する。担当者が替わっても仕事を引き継げる企業のように文書等のデータは組織で管理されている。しかし、学校では、授業の教材を自分自身で管理するように、校務分掌や学校行事に関する情報を担当者が個人で管理していることが多いのではないだろうか。校務用サーバに「分掌」「委員会」「行事」「教科」などのカテゴリーごとにフォルダを作成して、校務で使用する情報や文書データなどを「共有すること」を前提に整理する。はじめは戸惑うこともあるかもしれないが、校内で保存のルールを決めることで、必ず校務の効率化が図れるはずである。また、同様に教材のデータを共有すれば、ベテラン教員のノウハウを若手教員が学ぶなど、教育および教師の質の改善につなげていくことも可能である。

2．行事予定の共有

ネット上のカレンダーサービスを利用して、行事予定などを校内で共有することも有効である。これらのカレンダーは、スマートフォンなどでも簡単に参照することができ、日程の調整などにも役立つ。公開用のカレンダーを学校ウェブサイトに掲載すれば、行事予定を保護者に知らせることもできる。

3．電子メールの活用

電子メールを活用した連絡は、授業等で電話に出にくい学校現場ではとても有効で効率的な手段である。また、授業時間の関係でなかなか直接話ができない校内の先生との連絡にも利用できる。慣れないと文字にして連絡することは面倒かもしれないが、直接会ったり電話したりすることとメールを併用することで効率化につながるはずである。

これらの他にも工夫できるところは多くあるが、校務の情報化で一番大切なのは「学校全体での共通理解と共通行動で取り組む」ことである。校務の情報化を推進することで、児童生徒への指導の時間を作り出し教育活動の質の改善につなげていきたい。

（滑川　敬章）

【引 用 文 献】

文部科学省（2010）．教育の情報化に関する手引，145

NPO日本ネットワークセキュリティ協会（2015）．2013年情報セキュリティインシデントに関する調査報告書—個人情報漏えい編—，pp. 12-13.

栃木県教育委員会（2012）．「教員の多忙感に関するアンケート調査（検証）」報告書，pp. 3-14.

財団法人コンピュータ教育開発センター（2007）．学校情報セキュリティ・ハンドブック改訂版

財団法人 日本教育工学振興会（2007）．校務情報化の現状と今後の在り方に関する研究，63

第II部 授業改革——ICTを利用した授業の展開

　現在、学校教育現場ではICT環境の整備が進み、国語、社会、算数・数学、理科、外国語、総合的な学習の時間など多くの教科等で幅広く活用され始めている。これにより、児童生徒の興味・関心を高めたり、わかりやすく説明したり、そして児童生徒の思考や理解を深め、さらには知識の定着を図ることが目指されている。いいかえると教師はICTを活用して資料などを効果的に提示するといった「ICTを授業中に活用して指導する能力」が求められているともいえる。そこで、第2部は、タブレットPC、電子黒板、大型ディスプレイ、SNS、テレビ会議システムを取り上げ、実際に学校および先生が活用するためのヒントを得ることができるよう、各学校段階において先駆的な取組を行っている実践の紹介を通して児童生徒の学習場面におけるICTの活用や指導のポイントなどを、具体的にわかりやすくまとめている。

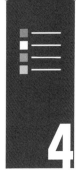

iPad 1人1台導入

第1節　タブレットPCの導入（平成25年10月〜平成26年3月）

1．1年目の取組──キッティングから

　本校で1人1台のタブレットPC体制で教育実践が始まったのは、企業より半年間のタブレットPCを貸与いただいたのが直接のきっかけである。平成25年10月、子供たち1人1台と指導者の教員分として計100台のタブレットPCが学校へ届けられた。この貸与されたタブレットPCは、すでに他への貸し出し等が行われている機器であったため電源を入れればすぐに起動したが、今後授業で使用するアプリケーションのインストールのために、子供たち一人一人にIDを取得することにした。そのため実際に子供たちがタブレットPCを手にして少しずつ触り始めたのは、10月下旬から11月上旬にかけてとなった。

　教育委員会がタブレットPCを購入・配備していないため、IDの取得のためにまずは全児童のメールアドレスを取得し、さらにパスワードの設定、加えて各種設定を学校独自で行わなければならない。正直、大変な作業であったが、この作業を教員が経験しておくことは最高の研修となった。現在、子供たちがタブレットPCを使って授業を行っているが、毎日、さまざまな場面でちょっとしたトラブルが発生する。その時のトラブルシューティングに大いに役立っている。タブレットPCが起動している基本的なシステムがわかっているか否かはとても大きな差となって日常の教育実践に影響を及ぼす。

第2節　iPadの活用（初期段階）

1．個別機器（スタンドアローン）としての活用

　子供たちがタブレットPCを使用し始めた11月はまだ校内のWi-Fi環境が整備されていなかったため、タブレットPCは個別（スタンドアローン）での使用となっていた。この時期、社会全般においてまだまだタブレットPCの教育分野における活用法がイメージできていなかったため、「タブレットPCは大きなカメラでしかない」と揶揄するメディアの記事も目にした。個別（スタンドアローン）での使用は、タブレットPCにインストールされたアプリケーションを使うだけであって双方向性は期待できない。タブレットPCが大きなカメラではなく、子供たちの学習にきわめて有効なツールであることを示すのにロイロノートの活用が大きな役割を果たした。

　ロイロノートは、写真、動画、テキスト、Webなどのカードを線でつなぐだけで簡単にプレゼンテーションが行えるツールである。子供たちはカードに文字を入力したり、写真を取り込んだりして学習内容をまとめる。そしてそれぞれのカードを線でつなぎプレゼンテーション資料を作成する活動が各教室で行われるようになった。このアプリケーションのおかげで校内におけるタブレットPCの利用が一気に進んだ。

2．校内Wi-Fi整備

　12月になってようやく校内Wi-Fi環境が整備されたが、Wi-Fi電波はパスワード設定してあり、255個のIPアドレスを個別に割り振る作業が残っていた。IPアドレスを学校が個別に割り振り、端末の設定もすべて学校の教員で行わなければならなかった。しかし結果的にはこの作業も最初の各種設定作業（キッティン

図4-1　廊下に設置されたAP

グ）同様、本校教員の ICT リテラシーの向上に大いに役立つことになった。なぜなら、実際の授業場面で教員や子供たちのタブレット PC を大型モニターに映し出す場面で、このノウハウは教員にとって必要不可欠なリテラシーだからである。

3．Wi-Fi 環境整備に伴うさまざまな試み

通信環境整備はタブレット PC の活用にとても大きな変化をもたらした。現在のテクノロジーの恩恵を受け、タブレット PC の活用が教育や授業に無限の可能性を拓くことを実感した。以下に、この時期に試みた授業実践をいくつか紹介する。

（1）ロイロノートから NHK For School の視聴

ロイロノートは先にも紹介したが、写真、動画、テキスト、Web などのカードを線でつなぐだけで簡単にプレゼンテーションが行えるツールで、WEB カードからインターネットに接続することができる。WEB ブラウザカードをクリックすれば NHK for School に接続できる画面が現れる。NHK for School には約5,000本の動画がクリップされており、学校での授業を充実するのに大変役立った。この動画を一番利用したのが6年生の歴史の授業であった。聴覚情報の処理が苦手で、なかなか授業に集中できない児童が多数在籍していたため、NHK for School の「歴史にどきり」の動画が大いに役立った。当時は授業中に皆で一斉視聴していたが、今では家庭で視聴させ反転授業として活用できると考えている。

（2）アプリゼミの利用開始

12月より DeNA が教育用アプリ開発に参入し、そのモニターとして本校が関わることとなった。1年生の国語と算数用に開発されたアプリゼミは、DeNA がゲームなどのサービスで培ったノウハウをもとに、教育とエンターテインメントを組みあわせた「エデュメント」を実現するものである。このアプリケーションは、ビッグデータを分析して子どもの苦手なポイントを見つけるとともに、楽しんで学習できるように子どもごとに難易度調整を行うのが特徴で

ある。

　平仮名のなぞり書き、書き順、足し算、時計……得点や速さ、正確さなどによって点数がつけられ、クラスのなかでのランキングが決まる。アプリゼミを使用している教室に入ると、子供たちはランキングを競いあいながらもお互いに声をか

図4-2　Ednityで情報交換

けあい「ここのはねをしっかりすれば点数があがるよ」などアドバイスしあっている姿は、驚きでもあり微笑ましくもあった。

（3）ローカルなSNSの利用

　Ednityは学校のクラス向けのプライベートSNSである。グループごとに割り振られた「グループコード」を介してつながるため、それを知っている教員と子供たちだけがつながり安全な環境でコミュニケーションを楽しんだり、情報モラルを学習できる。当初は朝学習の時間に読んだ読書感想などの交流を行っていたが、しだいに授業の感想を交換する様子も見られるようになった。

　導入当初はタブレットPCの活用に戸惑いを隠しきれない教員を促しながらの試みであったが、その授業の様子からたしかな手応えを感じるとともに大学や企業の協賛を得ることができ、次年度もタブレットPC1人1台体制で教育実践を継続することにつながった。

第2節　タブレットPCの活用（平成26年4月〜平成26年12月）

1．2年目の取組─平成26年度の実践のスタート

　2年目の取組として、①タブレットPCにインストールされた多彩なアプリケーションの活用やWi-Fi利用による大型モニターを介したインタラクティブ性を積極的に活用して従来の授業構成・展開を大きく変えること。②そのことによって教師の役割を子供の主体的な学びを促すファシリテーターへと変化させること。③さらにはあらたな授業展開（たとえば反転授業等）が主体的な地域

図4-3 歴史の授業で AC ボードを使う

の学習支援体制の構築を促すと考え、これらの変化の方向性を見極め、その充実のために授業の Re-design を行うことをねらいに、平成26年度の教育実践をスタートした。ここでその活動を紹介する。

２．タブレット PC を活用した授業の実際（６月の授業公開から）

　新年度になり子供たちがタブレット PC を活用し始めて３ヵ月が経った６月28日に、第１回目の授業公開を行った。日常的なタブレット PC 活用を示すため、子供たちが登校してから始業までの時間や帰りの会終了後、基礎基本の定着のために行っている補習の様子も公開した。

　たとえば朝学習の時間では、１・２年生はデジタル絵本で読み聞かせを行い、３・４年生は「ぐーぱ」という読書感想や書評などを綴り全国の友だちと交流できる SNS を使って読書感想のレビューを行った。５年生はたて読みで全国・地方紙のコラムを読み、Ednity で感想を交換し、６年生は Oxford Picture Dictionary を活用した後、Ednity で感想を交換した。

　また帰りの会が終了した後には、補習の様子も公開した。１年生は DeNA の「アプリゼミ」を活用し、２年生から６年生はベネッセのデジタルドリルで復習を行った。

　以下に当日、参観者に配布した授業概要を示す。この公開日時点で、本校がタブレット PC の可能性をさまざまに探ろうとしていることがわかる。

表4-1　授業 Summary

〈１年１組〉　ロイロノートスクール　　　　　　　　　　　　　　　授業者　設楽　健太郎 教　科　生活科 単元名　「まいにちせわをしよう」 授業概要：あさがおの成長の様子や世話の様子等をロイロノートスクールに記録をして、発表します。ロイロノートのカード機能を使ってこれまでに撮った写真を並び替え、順番を考えて発表を組み立てます。

〈1年2組〉 アプリゼミ、COCOAR　　　　　　　　　　　　授業者　鈴木　飛鳥
教　科　国語
単元名　「は・を・へ　をつかおう」
授業概要：身のまわりの出来事を題材に、「は」「を」「へ」を使った文を作り、発表します。くっつき言葉の指導にCOCOARを活用し個別の理解をうながすとともに最後にアプリゼミで定着を図ります。

〈2年〉 SketchLife　　　　　　　　　　　　　　　　　授業者　吉岡　圭子
教　科　図工
単元名　「イラストアクアリウム」
授業概要：グループで考えたテーマでイラストを描き、それらを風景の中で泳がせます？ 魚が空を泳いだり、旬の食べ物が思いもしない景色のなかを泳いだりします。子供たちの発想を広げます。

〈3年〉 LEGO StoryStartar　ビジュアライザー　　　　　授業者　槇田　雅江
教　科　国語
単元名　「組み立てを考えて物語を作ろう」
授業概要：起承転結や話の構成を意識させることをねらいに、オリジナルの物語を作ります。LEGOを組み立て写真を撮り、それをビジュアライザーで仕上げます。どんな出来事が構成されるか楽しみです。

〈4年〉 学習者用デジタル教科書　　　　　　　　　　　　授業者　才記　舜太郎
教　科　国語
単元名　「新聞をつくろう」
授業概要：デジタル教科書のワークシートを使って新聞の特徴を意識した記事の割り付けをします。記事の配置にも重要な意味のあることを理解させ、ペアでNote Anytimeを使って実際に割り付けをします。

〈5年〉 iMovie　　　　　　　　　　　　　　　　　　　授業者　宮崎　雄大
教　科　総合的な学習の時間
単元名　「自分のコマーシャルをつくろう」
授業概要：自分のことを人に知ってもらうために、わかりやすいコマーシャルを作ります。ロイロノートスクールで構成を確認し、人に伝えるためのポイントを意識してiMovieでコマーシャルを作成します。

〈6年〉 ACボード　　　　　　　　　　　　　　　　　　授業者　竹田　晶
教　科　社会
単元名　「戦国の世から江戸の世へ」
授業概要：ACボードで「長篠の合戦の屏風絵」の画像を開き、気づいたことを話しあうなかで連合軍が勝利した理由を考えます。付箋を貼りつける等して、連合軍の勝因についてコメントを書かせます。

〈1年1組〉 アプリゼミ、COCOAR　　　　　　　　　　授業者　設楽　健太郎
教　科　算数
単元名　「10より　おおきなかず」
授業概要：数の数え方について5個ずつ、2個ずつ並べて10のまとまりに注目させます。COCOARを活用して個別の理解を助けるとともに、学習の定着を図るために授業の最後でアプリゼミを活用します。

〈1年2組〉 ロイロノートスクール　　　　　　　　　　授業者　鈴木　飛鳥
教　科　生活科
単元名　「がっこうだいすき」
授業概要：学校探検したことを思い出し、自分のお気に入りの場所をロイロノートスクールを使って発表します。クイズを作ることで、学校の機能や役割について子供なりの気づきをうながします。

〈2年〉 ロイロノートスクール　　　　　　　　　　　　授業者　下鶴　唯
教　科　学級活動
単元名　「色えんぴつ　わすれちゃった」
授業概要：一人一人が自分のもっている情報を正確に伝え、正しく聴くことの重要性に気づかせるとともにグループの協力の大切さを学びます。ロイロのカード機能や画面転送機能を存分に活用します。

〈3年〉 ハンコ作成サイト、3Dプリンター　　　　　　　授業者　吉岡　圭子
教　科　図工
単元名　「デジタルハンコを作ろう」
授業概要：ハンコ作成サイトで自分の名前をデザインします。デザインしたハンコに陰影をつけ大型モニターに映し出し、立体を意識させます。デザインしたハンコは後日、3Dプリンタで出力します。

〈4年〉 ロイロノートスクール、ガレージバンド　　　　授業者　小嶋　信夫
教　科　音楽
単元名　「楽器のいろいろな音」
授業概要：通常とは異なる方法で楽器から音を出し、それをガレージバンドを使って録音します。録音した音を聞かせ、それが何の楽器なのかを予想させます。いろいろな音の出し方を知り、音を楽しみます。

〈5年〉 Share or Note Anytime　　　　　　　　　　　授業者　宮崎　雄大
教　科　理科
単元名　「めだかのたんじょう」
授業概要：目に見えない小さな生き物をはじめ、校内の多様な生物環境について話しあいます。事前にいろいろな生き物を撮影し、当日はノートにグループで分担・協力しあいながら生き物新聞を作ります。

〈6年〉 LEGO マインドストーム EV3　　　　　　　　　　授業者　竹田　晶
教　科　総合的な学習の時間
単元名　「プログラミング」
授業概要：神奈川工科大学の吉野先生を講師にお招きし、EV 3 に歯車を付け、モーターの回転数とタイヤの回転数の比を求める学習をします。算数で習う比が、実際の場面で有効に活用できる体験をします。

3．iPad を活用した授業の実際──協働学習への試み

　21世紀を生きる子供たちにもっとも必要な資質・能力の一つに、協働する力がある。言うまでもなく社会は相互依存関係で結ばれており、私たちがより安全で、より豊かで、そして平和な生活を築き上げていくために解決しなければならない課題は地球規模で生起している。自国のみならず歴史も文化も宗教も異なる地域の人々と一緒になって課題解決を図っていかなければならない。課題をとらえる立場が違えば、当然その見え方も違ってくるし、解決に向けてのアプローチもさまざまである。課題解決に関わる人々の意見を尊重しつつも言うべきことは言い、解決に向けてのよりよいアイディアを提示し、実行に移すコンセンサスを得ていかなければならない。

　テクノロジーが進歩し、これまで学校教育がその多くの時間を費やしてきた知識・技能の一斉伝達は各種アプリケーションを活用して家庭教育などに委ね、今こそ学校は協働する力の育成をメインに授業を構成し、展開していくことが喫緊に求められている。そこで本校はこの問題意識をもって、タブレットPCを活用して子供たちに協働する力を培うための「協働学習のモデル」づくりに校内研究として取り組んだ。

　平成26年度は毎月校内研究を重ね、研究テーマの共通理解や組織作り、分科会による授業提案の検討などに加え、4回（9月、10月、11月、12月）の研究授業を実施した。以下に11月の研究授業の実践を簡単に紹介する。

4年生国語の授業──協働学習への試み

　単元は「だれもがかかわり合えるように」、ねらいは「耳に障がいをもつ人たちはどんなことに困っているかを想像し、その状況を改善する工夫を考える」

である。
　今回の校内研究では、協働学習支援アプリケーションのスクールタクト（RealTime-LMS）の機能を積極的に活かす形で学習を展開した。スクールタクトは、先生がリアルタイムで子どもの学習状況を把握でき、お互いの解答やノートを共有することで、さまざまな考え方を学ぶことができる。さらに学習ログを取ることができ、今後の授業に活かすこともできるアプリケーションである。
　実際の授業は、指導案に記載されているように、前時までに一人一人が考えた「障がい者が困らなくなる工夫」についての考えを協働学習支援アプリケーションのスクールタクトを活用して、自分の考えを書き込んだものを一覧で表示し、それを各自が読み、それぞれの意見に対してアプリケーションの機能を活かしてコメントをつけあった。
　いわゆる通常では話しあい活動であるが、この授業は見た目の様子がまった

表4-2　当日の指導案（本時の展開）

時間	・学習活動	○留意点　■評価	★ICTの活用
導入 3分	・iPad基礎学習		★「ピノパ国語4年生」
展開 20分	友達と考えを交流し、工夫について意見をまとめましょう。		
	・前回考えた、「困らなくなる工夫」について、友達と考えを交流する。（ワークシート①）	○工夫が考えられない児童のために、工夫の視点となる目（視覚）や手（触覚）のカードを黒板に貼る。	★「LMS」を通し、着席したまま友達の工夫を見たり、友達の場面について工夫を書いたりする。
7分	・友達のコメントを、プリントに赤鉛筆で書き出す。（ワークシート①）	○コメントをなかなか貰えない児童がいた場合、全体でそれを取り上げ、全員に工夫を考えさせる。 ■友達の場面について、工夫をコメントすることができる。（LMS）	
まとめ 15分	・友達の意見も参考に、おすすめの工夫を三つ選び、その順位と理由を書く。（ワークシート②）	■友達の考えも参考にしながら、工夫について意見をまとめることができる。（ワークシート②）	

く違った。子供たちは考えを述べあうのに挙手することはない。黙々と友だちの意見を読み、コメントを付していった。子供たちは誰が誰の考えにコメントを付しているのかについて、教師はその内容とともに把握し、考えを深める場面でそれらを活かすように配慮した。そして最後に

図4-4　友だちの意見にコメントをつける

他の意見を参考にして「私のすすめる工夫ベスト3」をまとめるものであった。途中、スクールタクトに書き込まれたコメントを教師が選んで紹介したり、コメントが書き込まれない児童の意見に対して書き込みを促したりして、学習内容の理解を深めていった。

　この授業に対して、スクールタクトを活用した「声に出さないで意見交換しあう協働学習」をめぐって、「批判的な意見が出にくい」「コメント数の多い子少ない子の格差がある」「考えが磨かれていかない」「まとめは話しあいの方が良い」などの意見がある一方、従来の話しあい活動とスクールタクトの相互作用をよく検討するなかで、指導目標である「自己表現しあって成長する」ための方法を考える必要があるという示唆も得た。

4．iPadを活用した授業（11月公開授業―協働で学ぶプログラミング学習）

　プログラミング学習については、今さまざまに議論が始まり、先進地域ではすでに小学校での実践も始まっている。そんななか、本校でも子供たちに論理性や構成力等を培う体験として試行してみようと考え、今年度はビスケットやスクラッチジュニア、レゴマインドストームEV3等の学習に挑戦した。

　3年生の総合的な学習の時間では、ゲーム形式でプログラミングが学べるアプリケーションソフト「スクラッチジュニア」を使った学習を公開した。このソフトは、ほとんどイラストアイコンがベースになっていて、靴紐を結ぶようにコーディングを学ぶ直感的な学習ができる。タブレットPC上のアイコンや

図4-5　スクラッチジュニア＆レゴマインドストームEV3に取組む子供たち

キャラクターにタッチ入力しながら、ネコや魚などのキャラクターに動きをつけ、簡単なオリジナルアニメーションやゲームなどを作ることができる。この授業の様子を見ていると、子供たちはゲーム作りに夢中になる。そして友だち同士がお互いに教えあって、動きやゲームの構成をおもしろくするために話しあっているのである。自然と目指す協働が、プログラミングというツールをもとに成立しているのに驚く。

第4節　実施においての成果と課題

　1年以上タブレットPCを1人1台体制で活用し続けた実践から、以下の7つの効果を述べる。

　①視覚支援による集中力の向上：人間の情報処理はその8割が視覚からと言われている。ならば授業においても視覚情報を有効に効果的に伝達する方途を考えるのは当然である。本校では各教室に電子黒板、大型モニターを配備している。タブレットPCのカメラ機能を使って授業で使っている教科書のページを撮影し、それを映し出すだけで教室の雰囲気は変わる。集中によって引き締まった空気感が生まれる。

　②クイックレスポンスによる基礎基本の徹底：タブレットPCには、教科学習に関わって多種多様なアプリケーションが登場してきた。これらのアプリケーションは、子供の回答に対してすぐさまレスポンスする。回答すれば即座の

評価活動とゲーミニフィケーションをベースにしたアプリは、子供たちにやる気を引き起こす。学校には、正規の学習時間以外に隙間時間が意外なほど多い。この時間をデジタル機器を利用することにより有効活用できる。

③データベースへの容易なアクセスで検索力の向上：高学年の子供たちは授業中の課題に対して「ググっていい？」と聞いてくるようになった。WEBブラウザを使えば、インターネットを介して大量の情報に容易にアクセスできるようになり、授業設計はこのことを前提に組み立てる必要がある。そのためデータベースへのアクセスの仕方や検索方法を学ぶことが重要となり、良質な情報へのアクセスの仕方が大きく問われることになる。今後、教師はこの領域に力を入れた教育が求められるだろう。

④アプリの機能による思考力の鍛錬：思考力は21世紀に求められるキー・コンピテンシーとして、その育成に注目が集まっている。思考力を育てるのに、ただ考えろ、と言われても何をどう考えてよいのかわからない。

思考力をつけるには、思考操作によって考える力をつけなければならない。数える、並べる、まとめる、つなげる、重ねる、組みあわせる、そして改めて組み直す、といった操作活動を積極的に経験させることが重要である。そして論理的に筋道を立てて考える力をつけることこそ、もっとも大事にしたい力である。

⑤コミュニケーション・コラボレーションによる個と多様性の尊重：学習支援アプリはこれまでの協働学習のあり方を根底から変える可能性を秘めている。課題に対する考えをタブレットPCで表明させれば、それを大型モニターへ直に一覧で表示できるのである。

一覧になれば個が尊重される。また課題解決に向けての考えの一致と相違が一目でわかり議論も絡みやすくなる。まさに多様であるからこそよりよい解決に向かうことができ、ほかとのかかわりの重要性を学ぶことができる。これらのことが日常的に実践できるからこそ、個と多様性が尊重され、協働学習が活性化する。

⑥日常的なプレゼンテーションで表現力の上達：1人1台のタブレットPC、

図4-6 Wi-Fi を活用した発表（air play によるミラーリング）

Wi-Fi 環境、大型モニターがあれば、日常的なプレゼンテーションの場が簡単に拓ける。教師も日常的に授業で活用するこのテクノロジーは、子供たちの発表の場を拓くのにも有効である。各種アプリケーションを活用して作成した資料や作品は、大型モニターに映し出して皆の前で表現でき、映し出された作品は綺麗で、はっきり見える。また作成するのも修正するのもきわめて簡単なことがプレゼンテーションを日常化させる。

⑦テクノロジーが醸成する意欲：タブレット PC を活用した授業では、子供たちが意欲的に授業に参画する。今の子供たちはデジタルネイティブとしてデジタルを当たり前のプラットフォームとして生活しているのである。そんな子供たちの皮膚感覚にあったタブレット PC が、授業に役立たないわけはない。そして何よりもテクノロジーを活用すれば、これまで見えなかった新しい世界を自分で拓くことのできる可能性をしかと感じることができるのである。

次にタブレット PC の絶対的活用と 1 人 1 台体制への社会の要請の喚起という 2 つの課題について述べる。

1．絶対的活用

本校の課題が「タブレット PC の絶対的活用である」と聞けば、「どうして？」と単純に疑問がわくだろう。端末が用意され、Wi-Fi のインフラも整備された。各教室には電子黒板や大型モニターが設置されている。タブレット PC 活用の効果も見えてきた。それにもかかわらず何ゆえ絶対的活用が課題なのか。ここにこそ ICT 教育推進の大きな壁、解決しなければならない課題がある。

それはデジタルメディアと戦後日本の授業実践の中核を担ってきた教科教育の内容・方法とのなじみの希薄さである。タブレット PC が世のなかに登場したのは2010年、それから 5 年が経ち学校現場に導入され始めたものの圧倒的に

日が浅い。これまで見てきたようにタブレットPCは従来の授業観を覆すパラダイムシフトを引き起こす可能性を秘めている。ここに正対して新しい授業実践を創り出そうとしなければ、絶対的活用は望めない。これまでの積み上げの上にタブレットPCを活用すれば効果がある、という程度の認識でいれば学校の授業はテクノロジーの進歩から大きく乖離してしまう。この危機感、そしてタブレットPCの機能を徹底的に活用しようという貪欲さが必要である。

本校で平成26年度、一番タブレットPCを活用した学年は多分1年生だろう。それはアプリゼミを毎日欠かさず利用したからであり、それでも1日の利用時間は全体をあわせても30分程度である。先に示したタブレットPC活用の効果を十分に行き渡らせるには、1単位時間そしてすべての授業時間における絶対的活用こそ求められている。

2．タブレットPCの1人1台体制への社会的要請の喚起

平成26年は教育業界においてタブレットPC元年と言われ、多くのメディアが各地の自治体でのタブレットPC導入のニュースを伝えていた。しかしその内実は、現在パソコン教室にあるデスクトップPCのリース切れに伴う入れ替えとしての導入である。活用成果を測定できるまでにタブレットPCを活用することが最大の課題である。そのためにはタブレットPC1人1台体制がどうしても必要であり、そこに向けての社会的な要請を喚起していかねばならない。

端末の値段もかなり安くなってきている現在、行政が子供たちに端末を配るのではなく、BYODが当たり前の雰囲気とそこに向かうベクトルをはっきりさせていく必要がある。そのためにも1人1台体制で教育実践に取り組む先進的な学校が、これもまた絶対的成果を打ち出すことが求められており、本校もそのうちの一校であるとの使命感をもっている。

3．おわりに

先述したように、1人1台のタブレットPC環境で教育実践を展開し、積極的、絶対的に活用し続けてきたことから、以下のことについて提言したい。

図4-7 本校の中庭
(ここでもタブレットPCが活用できる)

これまで教員のアイデンティティだった基礎基本の定着のための丸つけ作業は必要ではなくなるかもしれない。「ググってわかること」は授業では問わず、タブレットPCを持ち帰ることで、事前の学習を進め課題を通信で送付する。こんなことが当たり前にできる時代、これまでの教育Styleは大きく変化するのではないだろうか。

　新しい教育Styleの創造において対峙すべきは、既成概念とアナログへのノスタルジーである。社会と学校の乖離が懸念されているが、本来、学校は新しい時代やテクノロジーを教える場である。

　今後は先に示した7つの効果の根拠を示すために全国標準学力調査や教育効果などを分析してその活用成果を示して次の教育に結びつけていくことが求められる。そして学校が時代とテクノロジーをしっかりと教え、21世紀を切り拓いていく子供たちの資質・能力を育んでいきたい。

(松田　孝)

コラム：リテラシーとモラル

　タブレットPCを活用した授業実践を推進していると必ず質問されるのが、子供たちのリテラシーについてである。本校の授業を参観した方々が一様に、「1年生があそこまでタブレットPCになじんで使いこなしている光景には、驚きました」との感想を漏らす。しかしデジタルネイティブを侮ってはいけない。タブレットPCの操作リテラシーは、教員よりすでに子供たちの方が一枚も二枚も上手である。各種アプリケーションのインストールは学校が行うため、子供たちにはパスコードを設定せずにタブレットPCを配布しているが、1学級に5～6台、勝手にパスコードロックがかかっている。この事実に気づいた時、学校と子供たちの生きている社会との乖離を切実に感じさせられた。またある時、2年生のタブレットPCの壁紙がみな同じ図柄になっていることに担任が気づいた。同じ画像を友だち同士で送信しあっていたのである。その方法がAir DropというiPadの最新OSに付け加えられたテクノロジーである。子供たちは勝手に、そして自然にテクノロジーを活用しているのである。知らぬは大人ばかり、である。このような操作リテラシーを前提にした、情報リテラシーの育成こそが学校に求められている教育実践だと考える。

　学校ではオープンなSNSの利用は一切させていない。しかしコミュニケーションツールの活用法を学ばせるために、ローカルなSNSとしてEdnityやぐーぱという学校図書サイトを利用して、さまざまなネチケットを学ばせている。保護者等はタブレットPCの活用を始めるとすぐに、モラルの問題を持ち出して心配を煽ってくる。しかし子供たちは小学校入学前からゲーム機等を活用して、これまでも他人とつながり、またつながることでゲームを有利に進めているのである。子供はネットを介して世界とつながっていることはすでに体験済みであり、それをおもしろいし当たり前だと思っている。

　テクノロジーの進歩は止めることはできない。ネット炎上し、個人が特定されたり、また使い方を知らずに加害者や被害者になったりすることがないよう、そしてそれが取り返しのつかないことにならないよう情報モラルについて継続的、段階的に指導する必要が絶対に出てくる。そのためにも保護者等がまず現状をしっかりと理解し、自身のネット親力をチェックする必要が喫緊の課題である。

（松田　孝）

5 小学校情報科での大型プラズマディスプレイの活用

第1節　慶應義塾幼稚舎について

1．幼稚舎の情報化について

　慶應義塾幼稚舎（東京都渋谷区恵比寿）は日本でもっとも古い私立小学校の一つで、2014（平成26）年には創立140周年を迎えた。

　幼稚舎では、早期からコンピュータやインターネットなどの情報機器を用いたICT教育や情報環境の重要性を認識し、1996（平成8）年から情報環境の整備に着手してきた。1996年にインターネット回線（1.5Mbps）が敷設されてから、徐々に整備され、1998（平成10）年からホームページ開設、メールサーバやDNSの自前での構築運用、すべての教室に情報コンセント設置、専任教員1人1台ノートパソコン体制完備などネットワーク構築の本格化にあわせて情報の授業がスタートした。現在、対外接続は高速専用回線（1Gbps）でインターネットへ常時接続されており、校内基幹網は光ファイバーがはりめぐらされ、あらゆる場所・教室で無線LANの利用が可能となっている。

2．情報教室について

　もともとは教員用図書室だったスペースを改造した情報教室の正面には、大型の電子黒板と、60インチ・大型液晶ディスプレイの両方が鎮座しており、児童用のデザインテーブルの上には最新のノートパソコン（Windowsノートパソコン40台）が据えられている。

　情報教室では、すべての端末が無線LANによってネットワーク化され、インターネットへも高速でアクセスできる環境が用意されている。Windowsノートパソコン以外にも、iMac15台、WindowsタブレットPC40台、iPad40台、

ネットワークレーザープリンタ、大判プリンタ、3Dプリンタなどの各種情報機器が常時、利用できるように準備されている。また、小学校ではめずらしくIPv6（新しいIPアドレスの規格）でのインターネット接続の利用も可能なようにネットワーク運用がなされている。

図5-1　情報教室の写真

第2節　幼稚舎の「情報科」について

　この情報教室を利用して、今から15年前の2000（平成12）年から、カリキュラム化された専科「情報」の授業を行っている。1クラス36名の児童に対し、専門の情報科教員2名のチームティーチング体制を敷いた授業が専門科目として設置され、子供たちが入れ代わり立ち代わり情報教室にやってきては、最新の情報機器を駆使して、先端的な授業課題に取り組んでいる。

　情報の授業における、各学年段階のカリキュラムを簡単に紹介する。1・2年生の低学年段階では、お絵描きソフトや論理パズルゲームのようなソフトを使いながら、コンピュータやタブレットに慣れ親しむとともに、ファイルの保存やマウス操作の練習などコンピュータ操作の基礎を習得する内容で構成されている。

　3・4年生の中学年段階では、いよいよコンピュータを表現・創作活動の道具として使えるようになることを目標として、さまざまなデジタル作品作りを行う。文字、写真、イラストなどを画面上で自由に組みあわせ、プレゼンテーション資料、ポスター、絵葉書など用途に合わせて適切なデザインを考える機会を多く用意している。

　5・6年生の高学年段階になると、基礎・リテラシーの定着、そして、情報

の取捨選択や情報の整理を行い、効果的に活用するような学習の道具・文房具としての利用に重点を置いた内容になっている。インターネットを使った調べ学習にも取り組み、プログラミングや動画撮影、編集も行っている（表5-1）。また、全学年を通じて、情報倫理を習得する活動も行っている。

　実際の情報の授業において、子供たちは皆積極的に課題に取り組み、そこから児童同士、あるいは児童と教師との対話を深めていく。このように、幼稚舎の情報教育は、道具としてのコンピュータやインターネット、さまざまな情報機器に親しんでいき、コミュニケーションセンスを磨いていくことを目指している。

表5-1　情報のカリキュラム

	基本操作	文字入力	表現	リテラシー	プログラミング、制御
1年生	●windowsタブレットの「ペイント」を使ってお絵かき ●【展示】動物うちわ ●PCソフト「ポケモンPCチャレンジ」でマウスの練習				●論理パズルコンピュータゲーム「ズンビーニ」による論理的思考体験
2年生	●お絵かきソフト「キッドピクス」で絵を描いてファイル名をつけて所定のフォルダに保存し、印刷	●自分の名前、友達の名前をローマ字入力 ●PowerPointのイラスト検索機能を使って単語入力の練習	●iPadで写真を撮影、PCに取り込んでPower-Pointの機能を使って写真の合成	●肖像権の理解	
3年生	●PowerPoint、Wordの利用	●各種タイピングソフトを使った練習 ●Webサイト「キーボー島」 ●オリジナルタイピングソフト	●文字の色やフォント、作品のレイアウト、デザイン調整 ●iPadで撮影した写真を使った「オリジナル下敷		●レゴマインドストーム「NXT」によるロボット制御、プログラミング体験

		によるキーボード検定 ●【展示】Wordによる「暑中お見舞いの葉書」作り	き」作り ● PowerPointによる「学年劇のポスター」作り			
4年生	● PowerPoint、Wordの利用	●スピーチ「僕の／私の好きな○○」の原稿入力 ●【公開授業】プレゼンテーション「僕の／私の自慢料理」の原稿、プレゼン資料作り	●見やすいデザインの理解			
5年生	● PowerPointの利用	●【展示】インターネットで情報収集し、それをもとにクイズを考え、PowerPointをつかって「クリッククイズ」を作成	● iPadアプリ「KOMAKOMA」を使ってコマドリ動画作成	●インターネット検索 ●著作権の理解、ネットリテラシー、携帯電話やスマートフォンの利用上の注意 ● Webサイト「ネット社会の歩き方」 ●インターネットの仕組みの理解	●文部科学省によるFLASHサイト「プログラミン」によるプログラミング体験 ● Webサイト「アルゴロジック」による論理的思考の体験	
6年生	● Excelの利用	●【展示】クラス内でアンケート調査を行い、その結果をグラフにまとめ考察し、レポート「調べてみよう結果はいかに？」としてまとめる	● iPad版iMovieで予告編動画作り ●【展示】iMac版iMovieでことわざドラマ作り ●卒業記念ムービー作り			

第3節　各教員・各教室の情報環境

1．各教員のICT環境

　幼稚舎の全教員に1998（平成10）年からメールアカウントが発行されると同時に、ノートパソコンが配付され、日常的に電子メールのやり取りが行われている。2013（平成25）年からは、ノートパソコンに加え、全教員に、iPadが配付されて、教員による授業でのICT活用が進んでいる。iPad導入時には、情報科教員によるiPad研修会を実施し、教員同士の授業で活用できるアプリの情報交換も行われている。

2．各教室の情報環境

　情報の授業だけにかぎらず、各専科や普通授業のなかで、道具としてコンピュータやインターネットを利用し、また、学習環境としてのICT機器を活用する場面が増えている。それを可能にしているのが、大型の液晶ディスプレイを中心とした校内全教室のマルチメディア環境である。

　普通教室のマルチメディア化は、2000（平成12）年、高学年の普通教室への50インチプラズマディスプレイの導入から始まった。翌年、2001（平成13）年には、残りの低学年生の教室や各専科教室へのプラズマディスプレイ導入が実現した。さらに、2014（平成26）年に入り、導入から10年以上たった大型プラズマディスプレイをすべて、最新の60型の大型液晶ディスプレイへの交換を行った。現在、幼稚舎内にある大型液晶ディスプレイは、各普通教室24台に合わせて、理科・造形・音楽・英語・情報などの各専科教室16台と、教員室・図書室・食堂などの7台の23台が常設され、全校で合計47台の大型液晶ディスプレイがいつでも使える状態に

図5-2　各教室に設置してある大型液晶ディスプレイ

設定されている。

　大型液晶ディスプレイは、日々の授業で使われるほか、時間割りや行事予定の表示、校内放送に使われたり、児童が作ったスライドが写し出されたり、常に何かの画像を流すことが可能な状態にある。

　各教室には、無線LANによりインターネット接続されたノートパソコン、地上波デジタルテレビ放送チューナー、ビデオデッキ、DVDプレーヤー、書画カメラ（実物投影機）などがコンパクトに収められたキャビネットが設置され、いつでも使える状態になっている。どれもボタン一つ押せば作動できるように、初期設定を済ませてある。また、全教員に配付されたiPadも全教室に設置されたApple TVにより、同じくリモコンボタンの入力切り替えの操作1回により、すぐに大型液晶ディスプレイへと接続することが可能なように設定されている。各教室で、Apple TVへのiPad接続が干渉しあわないように、教室ごとにIPアドレスのセグメントを分けてのネットワーク管理運用を行っている点も特徴としてあげられる。

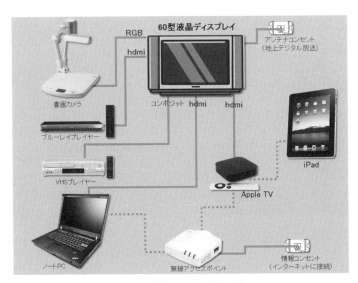

図5-3　各教室のITC機器環境

最近、活用されることが多いのは、校内放送のライブ映像であり、これは放送室で撮影されている映像をリアルタイムで校内の全教室の大型液晶ディスプレイへと配信するものである。雨でグラウンドが使えない時の教員によるテレビ朝礼や、児童たちによる朝礼（児童の自治活動）がこの大型液晶を使ったテレビ朝礼という形でよく使われている。

　この大型液晶ディスプレイに代表されるICT機器やネットワークが、従来のアナログの教育メディアと大きく異なる点として、他の視聴覚機器やメディアとの連携が可能という点があげられる。教育系のテレビ放送や新聞、OHP、電話・FAXなどといった通信系の教育メディアを単独で利用した学習活動の研究は、古くから取り組まれてきた。しかし、ここにコンピュータやiPadなど各種ICT機器を導入することによって、学校で使える通信メディアは大幅に多様化された。そして、すべてのICT機器を一元的に、大型液晶ディスプレイへ接続することが可能となった。このことを、コミュニケーションモデルの観点からとらえると、さまざまなアドバンテージを教育現場に見出すことができる。たとえば、以下のような魅力や可能性が考えられる。

　　・一人一人の児童が即時性・記録性・双方向性の観点から、いろいろな局面においてわかりやすく情報発信したり意見・主張できたりする可能性。
　　・クラス全員がグローバルな知識と情報の共有を行える機会を普遍化できる可能性。

　各種ICT機器を中心にいろいろなメディアを使うことで、学習課題解決のための道具として、あるいはコミュニケーションツールの一つとして自然に駆使するようになると、一人一人の子供が主役になれると同時に、教育内容や方法そのものの幅を拡大し、学習場面にリアリティをもたらすことが可能となる。教室という子供たちにとって一番身近な学習空間を、さまざまな学習の機会と機械として、それらをいつでも自由に利用し、いつでも自由に発想できることができるようにすること、すなわち主体的な学びを促進・発展させることのできる学習のための道具・環境を整えることは、教育活動にとってきわめて大切な要素である。大型プラズマディスプレイから始まり、大型液晶ディスプレイ

への常設への展開により、学習環境のハードウェア面は整備が進んだ。今後は、その学習環境の上で何を学ぶかといったソフトウェア面の充実が重要な課題としてあげられる。あくまでも ICT の環境整備は目的ではなく手段にすぎない。いろいろなものに触れて、本物の知識を見つけ出していくためにも、豊かな ICT 学習環境のなかでの教育活動のより一層の充実を図ることが今後も引き続き大事であるということは言うまでもない。

次節では、大型液晶ディスプレイを使った実践事例について、紹介する。

第4節　大型液晶ディスプレイを活用した実践事例——タブレット端末を活用したお話作り

筆者が担任するクラスでは、慶應義塾大学との共同研究プロジェクト（慶應義塾学術研究資金の補助を受けての共同研究）として、1年生の9月から児童1人1台のタブレット端末を導入した。小学校の早い段階からICTスキルを身につけ、小学校6年間を通じてICT機器を新しい文房具のひとつとしてさまざまな学習場面で上手に使いこなしてほしいという願いからである。児童用のタブレット端末は、Androidを導入した。AppleTVとMiracast対応無線HDMIアダプタを使って、iPad、Android、ノートパソコンの画面を大型液晶ディスプレイへとワンタッチで映し出す設定をしている。タブレット端末を使うことが特別なことではなく普通のことであるという意識を児童に醸成したいという趣旨から、アプリは標準的かつ一般的な機能を備えたものを選定し、安価で最低限の機能をもつ無料アプリのみとしている。2013年9月から2014年3月の約半年間、授業で計18時間のタブレット端末を活用した実践を

図5-4　電子黒板を使っての授業の様子

行った。たとえば、国語の授業の一環として「お話をつくろう」というタブレット端末を活用した実践がある。

具体的には、以下のような活動内容である。
- 「冬」をテーマに、教室と校庭で自由に写真を撮影する。
- その写真を素材とし3人1グループになって物語を作成する。
- タブレット端末に標準インストールされているお絵かきアプリを使って、撮影した写真に絵を描き加えてお話を作る。
- 3人1グループなので、3つの異なるスクリーンを時系列に教室の大型ディスプレイに写し、その3人が3コマまんが的にどういったお話をつくったのか説明するという発表会の実施を最終目的とする。

「冬」というテーマは難しいものがあったが、全員が冬を意識してタブレット端末を使って写真の撮影と作品を完成させることができたので、どのようなお話を作ったのか、実際に前に出てきてもらって、大型ディスプレイに作品を映しながら、発表を行った。作品の制作や、発表など、それぞれの目的に応じて、タブレット端末や大型ディスプレイを使い分ける活動である。

このような実践を重ねることで、どのような場面で効果的に大型ディスプレイやタブレット端末等のICT機器を利活用すればよいか、どのように指導方法を発展・改善していくかなどを、アンケートや授業記録などのデータを積み重ねて検討を続けている。

低学年生でも大型ディスプレイやタブレット端末を活用した学習は十分可能であり、また、学習に積極的に取り組む場面も多く見られる。大型ディスプレイとタブレット端末という新しい文房具への興味関心の部分と、学習の理解が進んだかどうかの本質的な部分についての検証については引き続き時間をかけて精査していく必要があると考えている。

(鈴木　二正)

【引 用 文 献】

D-project（2014）．「D-project春の公開研究会」参照日：2014年8月8日

http://www.d-project 2.jp/kantou/2014/2014dprokokai.pdf

一般社団法人こどもコミュニティサイト協議会（2014）．「ネットリテラシーセミナー in お茶大」参照日：2014 年 8 月 8 日 http://c-coms.or.jp/?page_id=85

ITmedia PC USER（2014）．「青山小学校に ThinkPad Tablet 2 を導入：児童ひとり 1 台の Windows 8 タブレット端末を」参照日：2014 年 8 月 8 日 http://www.itmedia.co.jp/pcuser/articles/1302/21/news111.html

文部科学省（2014）．「教育の情報化ビジョン」参照日：2014 年 8 月 8 日 http://www.mext.go.jp/b_menu/houdou/23/04/__icsFiles/afieldfile/2011/04/28/1305484_01_1.pdf

日本経済新聞（2014）．「授業用タブレット端末全小中学生に配布　東京・荒川区」参照日：2014 年 8 月 8 日 http://www.nikkei.com/article/DGXNZO51633760S3A210C1L83000/

日本教育情報化振興会（2014）．「電子黒板を10倍活用しよう！夏の事例発表会」参照日：2014 年 8 月 8 日, http://www.japet.or.jp/mubs34o0v-489/

日本教育情報化振興会（2014）．「タブレット端末活用セミナー」参照日：2014 年 8 月 8 日 http://www.sky-school-ict.net/seminar/tablet/2014/program.html

大塚商会（2014）．「iTeachers カンファレンス 2013 Summer」参照日：2014 年 8 月 8 日 http://event.otsuka-shokai.co.jp/13/0825ucp/

佐賀新聞電子版（2014）．「全国初、児童生徒全員にタブレット端末　武雄市，参照日：2014 年 8 月 8 日 http://www1.saga-s.co.jp/news/saga.0.2450021.article.html

玉川学園（2014）．「授業公開「授業目標達成のための ICT 活用　Ⅱ」，参照日：2014 年 8 月 8 日 http://www.tamagawa.jp/academy/elementary_d/news/detail_6460.html

コラム：起業家精神をもって

　現代の小学生は、生まれた時からすでに身のまわりにはスマホやタブレット端末などの情報機器があふれている状態にある。いわゆる、デジタルネイティブの世代といえる。10年前のコンピュータの操作を手取り足取り教える時代とはまったく違い、教えなくても、どんどん先へ先へと恐怖感なく、操作を進めていく。ある意味、教員よりも、児童の方が情報機器の操作や利用については詳しく、教員が教えなくても児童がみずから工夫し、進めていく様子が授業では多く見られる。学習指導の主体が教える側の教員ではなく、児童の方が主体となり、教員は進行役あるいは児童とともに学ぶ学習者となるような場面もある。教員が児童に対して一方的に知識を伝達する講義型スタイルから、学習者が主体的に学びに参加するスタイルを取り入れていくという教員側の意識の変容も考えたい。学校の授業や、学習でICT機器をどのように使うかというアイディアは児童自身が生み出し、それは彼らが学ぶなかで際限なく沸き起こる欲求であると感じている。そうした児童の欲求を阻害したり、無理に矯正したりせずに、良き学びを促進する支援とは何かを今後も検討していくことが肝要である。さらに今後、たとえば自宅にタブレット端末を持ち帰ってドリル型アプリの反復練習や、授業の復習としての使用、また写真や動画撮影などを宿題として課すといった学校外での活動の可能性も考えられる。反転学習の実践ができる環境づくりが先決の課題といえる。

　情報機器の導入（予算獲得）・維持・保守・管理・運用・サポート・リプレースなど、そういった授業以外の側面が教員の新しい仕事として課せられてくるといえる。幸いにも、今ICT関連では、国や企業から補助金の出る、研究助成金や実証研究プロジェクトの公募がかなり多くある。そのためにも、教員は常に先端の機器を導入し続けることを理想にかかげ、そういった情報に対してアンテナを張り、チャンスがあれば、すぐ研究計画書を出せるようにいつでも用意しておくことも大事になるであろう。これからの教員には、授業を行う教育者という側面以外にも、起業家精神をもってすぐに動ける行動力というものが求められるであろう。

（鈴木　二正）

タブレット端末・電子黒板の活用

　本章では、タブレット端末や電子黒板の活用について述べる。筆者の勤務校には、学校全体でタブレット端末は10台しか配備されていないが、限られた台数の機材を効果的に活用しながら、普通教室で授業を行っている。英語や数学、理科などの教科を中心に、電子黒板やタブレット端末を活用した授業を年間で数百時間、実施している。

　教材としては、コンピュータ用のソフトウエアのほか、子どもたちが持っている印刷された教科書を上手に活用して授業を行っている。また電子黒板は一斉指導のために、タブレットは協働学習の場面で使うことが多い。このうち協働学習についてはアクティブ・ラーニングの考え方も積極的に取り入れている。

　なお、ICTの環境は各学校で大きく異なるが、以下に述べることはどのような環境でもあてはまると考えられる。ぜひ活用していただきたい。

第1節　電子黒板やタブレットの導入の実際について

　多くの学校にはコンピュータ室があり、ノートパソコンまたはデスクトップのパソコンが40台程度設置してあるだろう。通常、これらのコンピュータは移動できないように、ケーブルでつながれている。生徒全員がコンピュータを使うような授業を実施したい場合には、コンピュータ室へ移動することになる。特別教室のひとつとしてのコンピュータ室である。日本全国の、ほとんどの学校に、このようなコンピュータ室が置かれていると思われる。

　これに対して、電子黒板やタブレットの導入状況は、さまざまである。くわしい統計的な数字はここでは示さないが、たとえば電子黒板ならば、中学校よりも小学校の方が導入が進んでいる。同じ地域であっても、中学校では全校で

数台しか設置されていないのに、小学校では液晶テレビとして活用されることもあって、学年ごとに設置されていたり、各クラスに設置されていたりする。

タブレットについては、さらにいろいろな場合がありうる。オペレーティングシステム（コンピュータの基本的なソフトウエア）だけでも、アイフォン、リナックス（アンドロイド）、ウインドウズの３種類がある。似ている部分も多いが、操作性が異なる部分も少なくない。児童・生徒の一人一人に１台ずつ導入している先進的な学校もあれば、１クラス分40台程度を導入している学校もある。また、試験的に数台だけという学校もあるだろう。

コンピュータは、インターネットや校内LANと接続して使われることが多い。学校に導入されたコンピュータのうち、コンピュータ室のコンピュータであれば、おそらくインターネットにも接続してあるだろうし、生徒の作品等を共有のハードディスクに保存することもできるだろう。しかし、電子黒板やタブレットは普通教室で使うことが多いので、校内LANが普通教室に設置してあるかどうかが問題になる。もし設置されていなければ、普通教室でコンピュータを利用するためにデジタル資料をあらかじめ用意したり、特別な通信環境を整備したりと、さまざまな工夫が必要になる。

普通教室までLANが届いていたとしても、有線LANなのか無線LANなのか、どの程度の速さで接続できるのか、多数のコンピュータを同時に接続することは可能なのか、その場合に、十分な速度が得られるのかなど、さまざまな条件を考えなければならない。学校ごとの違いだけでなく、ひとつの学校のなかでも教室によって環境が異なることもありうる。

このように、「導入が進んでいる」とはいうものの、実際の導入の様子については、学校によって、あるいは教室によって、千差万別である。

第2節　ICT機器を活用した授業を毎月100回以上実践

さて、筆者が勤務する千葉県松戸市立和名ケ谷中学校では、コンピュータ室にノートパソコンが40台ほど設置されている。また、学校全体に有線LANが

行き渡り、普通教室にも有線 LAN の端末がひとつずつある。一般教室で使うことができるノートパソコンも10台あるが、図書館でも使われているため、実際に使用できるノートパソコンは5台ほどである。

電子黒板として使用できる機材は、大型液晶テレビ等のテレビ型のものが3台、また実物投影機やプロジェクターなどがひとまとめになったキャビネット型の機材も4台ある。テレビ型の機材は理科や保健体育科、美術科などで主に使われている。これらは理科室や図書室、美術室などの特別教室で使われている。一方、黒板に磁石で貼り付けるスクリーンとプロジェクターとがキャビネットに格納された機材は、普通教室において英語科の授業で使われることが多い。平成26年の2学期の使用実績を調べたところ、合計約300回程度使用されていた。

タブレット端末は、平成25年の夏に10台導入された。これに伴い、タブレットを校内 LAN やインターネットに接続するために、無線 LAN アダプタも3台導入された。しかし、このうちの1台は職員室で、もう1台は通級学級で使用しているので、残りの1台の無線 LAN アダプタを授業のたびに教室に運んで使っている。

タブレット端末の使用実績については、平成26年の2学期には数学科を中心に150回ほど授業で使用している。つまり、電子黒板とタブレット端末を使用した授業を合計で450回ほど実施している。1ヵ月あたりでは、のべ100回以上になる。また、これ以外にも、コンピュータ室で、技術・家庭科の授業が行われている。

本校での電子黒板やタブレット端末は、ICT の先進校に比べれば少ない台数と思われる。なぜならば、全校で20学級630名程度の生徒に対して、日常の授業で使える電子黒板は3～4台、タブレット端末は10台しかないからである。本校は、コンピュータ使用に関して特別な研究指定を受けているわけでもない。市内のほかの学校に比べて、特別にコンピュータの導入台数が多いわけでもなく、機種についても、他校と同様である。そういう「ごく普通の学校」のICT活用の実態について述べていきたいと考えている。

第6章　タブレット端末・電子黒板の活用

第3節　英語科の一斉指導の場面で電子板を使用する

　本校では、電子黒板は、英語科の授業で使われる回数がもっとも多く、その次に多いのは理科での活用である。ただし、理科での活用は、実験室（理科室）での活用になる。本章では、主に一般教室での活用を述べるので、ここでは英語科での活用方法にしぼって述べる。

　写真（図6-1）は、2年生の英語の授業で、地図を用いて現在の自分の位置や、目的地への道筋を伝える場面である。ここでは、黒板にプロジェクター用のマグネットシートを貼り、教科書の地図をカメラで写して投影している。黒板には、通常のチョークで英語の文章も書いてある。コンピュータとプロジェクターはキャビネットのなかにセットしてあり、キャビネットごと各教室に移動させることができる。ICT機器の準備の手順は、次の通りである。

（1）前の時間の授業が終了し、次の教室にキャビネットを移動させる。
（2）生徒の机のあいだ、前から2番目ぐらいの位置にキャビネットを置く。
（3）電源コードを伸ばし、コンセントを入れ、電源を入れる。
（4）黒板にプロジェクター用のマグネットシートを貼る。
（5）キャビネット前面からプロジェクターを出す。
（6）キャビネット上面に、教科書等の資料を撮影するカメラをセットする。

以上のようにして、授業開始直後には準備が完了するようにしている。

図6-1　手もとの資料を拡大し、黒板で指示している

　ところで、電子黒板というと、大型の液晶テレビにコンピュータを接続し、特別なソフトウエアを使用して、マウスやデジタルペンを用いて指示や範囲指定等を行い、電子的な情報を記録・加工・再現するものと思われがちだが、松戸市教育委員会情報教育センターでは、「カメラとプロジェクターを用いて手元の資料を教室前面に表示する機器」も電子黒板

と呼んでいるので、本章でもそのように用語を用いる。

さて、この日の授業は、おおむね次のような手順で行われた。

表6-1 英語科における指導

時間	生徒の活動	教師の支援
休み時間		電子黒板の準備（3分程度）
10分	単語の練習や前時の復習。	フラッシュカード等を用いる。
15分	地図上の位置の示し方や道順の説明方法の学習。ペアでの活動の支援。	電子黒板と普通の黒板を両方用いて説明する。
20分	2人ペアになって道順の説明をする練習。代表生徒が電子黒板を活用して説明する。	
5分	まとめ	

地図を投影する時には、コンピュータは使わずに、キャビネットの上に置いた教科書をカメラで撮影し、プロジェクターで投影している。

また、図6-2は、別の日の英語科の授業の様子である。この日は、教科書の本文について、文章のしくみなどを説明していた。教師は教科書のコピーを用意し、そこにペンなどを用いて書き込みをしていた。

どちらの場合も、カメラとプロジェクターだけを用いていて、コンピュータは使用していない。つまり、必要に応じてコンピュータも接続するが、接続しないでカメラだけで授業を行うことができるのである。また、音声については、キャビネットとは別にCDプレーヤーを持って行って使用することが多い。しかし、子供たちにとっては、黒板の一部にプロジェクターで資料が表示されているという状態には変わりがない。

このような形態で授業を行うならば、ICT機器の準備はとても簡単である。プロジェクターは、マグネットシートを黒板に貼って、電源スイッチを入れるだけである。教材は教科書を直接撮影するか、または必要なページをコピーするだけである。

そして、子供たちが使っている教科書とまったく同じ教材を提示することに

図6-2 教科書の本文を拡大し、読むところを直接指示している

より、子供たちは、「今、どのページを開いているのか。そこで何をしているのか」をはっきりと知ることができ、指示や説明が的確に子供たちに伝わり、効果的である。

　ここで、このようなICT機器の使い方と、チョークを用いる既存の黒板とを比較してみよう。既存の黒板は、子供たちの前にあり、子どもたち全体に指示を伝えたり、情報を伝達したりするために用いられる。文字も書けるし、マグネットを使って図表を貼って提示することもできる。子供自身が自分の意見や考え等を書くこともできる。黒板消しで、黒板の一部または全体をサッと消すこともできる。とても手軽で便利な教具であり、ほぼ100％の学校に設置されている。

　実物投影機や書画カメラ等のカメラで資料を撮影し、プロジェクターで教室の前面に投影すれば、既存の黒板の機能のうち、ある程度の部分を置き換えることができる。そして、場合によっては既存の黒板よりも、はっきりとすばやく表示できる。また、くり返し表示することもできる。

　たとえば、子供たちの考えた図やグラフがノートやプリントに書いてあった場合、それを全体に示すには、本人のノートをカメラのところまで持ってきてもらい、プロジェクターを使って投影すればよい。こうすれば、手間もかからず、すばやく表示することができる。同じ情報を、子供自身が黒板にチョークで書くことに比べると、大幅に時間を短縮することができる。

　これだけならOHPと大差ないが、ICT機器を使っていれば、さらに動画やインターネット等も利用できる。普段は書画カメラとプロジェクターだけを使い、必要な時に発展的な使い方をすれば、必要最小限の手間で効果をあげることも可能になる。

　ところで、上のような電子黒板の使い方は、「一斉授業で、子供たち全体に、

一斉に情報を伝える」という使い方になる。授業の形態としては、これ以外にも個別学習や協働学習などの形態がありうるが、電子黒板は一斉授業の場面に限って使った方がよいと考える。もちろん、他の場面で使うことも可能であるが、準備に必要な時間に比べると、効果はあまり期待できない。

　たとえば、生徒の誰かの意見や考えを提示するためには、ノートを持ってきてもらって大きく表示することが効果的である。しかし、これは選ばれた生徒のノートを全体に示しているのであるから、一斉指導と考えられる。もしも、複数の子供たちの意見を学級全体に示したいのであれば、黒板にチョークで直接書いた方が手軽で、しかも一覧性に優れている。記録をとりたいのであれば、子供が書き終わったあとでデジタルカメラやタブレット端末のカメラで写真を撮ればよい。

　また、授業の最初から最後まで電子黒板を使う必要もない。既存の黒板はとても便利であり、電子黒板は必要な時だけ使えばよい。授業の最初に電源を入れておいて、必要な時にだけ使うというのが、もっともスマートな使い方といえるだろう。

第4節　数学科の協働学習の場面でタブレット端末を使用する

　次に、タブレット端末を活用した授業について述べる。本校には10台のタブレット端末が導入されているが、タブレット端末とデジタルペンを組み合わせて使うことが多い。デジタルペンとは、ペンの先端のデジタルカメラで用紙に印刷された位置情報を読み取り、ペン先の動きをタブレット端末に送信できる入力装置である。

　このデジタルペンを用いると、印刷された用紙に記入した文字や線などが、そのままタブレット端末に送信され、記録される。これらの情報は時間順に記録されるため、あとで作図等の途中経過を再現することができる。

　本校で現在使用しているデジタルペンは、タブレット端末に画像を表示させるためには、校内LANに接続させてから、専用のノートパソコンで画像をタ

ブレット端末に送信しなければならない。したがって、デジタルペンを使用する場合には、無線LANアダプタやノートパソコンも同時に起動する必要がある。

このため、タブレット端末とデジタルペンを用いた授業を実施する場合には、次のような準備を行うことになる。

（1）前の時間の授業終了後に、機材一式を次の教室に運ぶ。また、タブレット端末を起動させる場所を確保するために、生徒用の机を2つ持参する。
（2）無線LANアダプタを有線LAN端子に接続する。
（3）LANに接続した状態で、ノートパソコンを起動させ、あらかじめスカイメニューやデジタルペン用のソフトを立ち上げておく。
（4）タブレット端末10台の電源を入れ、無線LANと接続されるのを待つ。
（5）タブレット端末が無線LANと接続したら、ノートパソコンから一斉にIDとパスワードを送信して起動させる。
（6）各タブレット端末で、デジタルペン用のソフトウエアを起動させる。
（7）入力用のデジタルペンの電源を入れ、それぞれのタブレット端末とのあいだで同期するようにする。このことにより、デジタルペンとタブレット端末とが1対1に対応するようになる。
（8）ノートパソコンから専用ソフトを用いて、授業で実際に使用するプリント教材の画像データをタブレット端末に送信する。

以上により、それぞれのタブレット端末でデジタルペンを用いた入力が可能になる。なお、上で述べている「入力用のプリント教材」は、位置情報を表す細かいドットが印刷された特殊な用紙だが、学校に設置してあるレーザープリンターで印刷が可能である。また、このプリントは生徒全員に配付するプリントと同じ内容のものであり、しかも実際には生徒の持っている教科書の一部をコピーしたものである。

つまり、「今日の授業では、ここからここまでを学習しよう」という計画を立てたら、教科書のなかの必要な部分をコピーしてプリントをつくり、そのプリントを生徒全員分印刷するとともに、デジタルペン入力用のプリントも印刷

しておくことになる。

　図6-3は、1年生の数学で「変化と対応」を学習している場面である。

　用紙に印刷してある内容は教科書のコピーであるから、通常の授業で教科書を用いて学習するのとほぼ同じ形で学習しているのだが、デジタルペンを用いて学習すると、子供たちの学習に取り組む様子が、とても活発になる。

図6-3　式や計算や作図の過程を、ペンの動きも含めて記録する

　その理由は、デジタルペンで記入した内容が、そのまま校内LANの共有サーバに記録されるからである。子供たちは、「自分たちの書いたものが、そのまま記録され、友だちにも見てもらえる」ということを知っているので、しっかりとした内容にまとめようと努力し、文字もていねいに書こうとする。また、書いている途中でも、同じクラスのほかのグループの学習の様子や、別の時間に行われた他クラスでの学習の様子を知ることができるのである。

　ところで、タブレット端末は台数が多いので、教師一人で起動させようとすると、授業の開始に間に合わない。そこで、上の（1）から（8）の手順の一部を子どもたちに手伝ってもらっている。教師が、学級全体に対する説明を黒板で行っている時に、係の生徒が輪番でタブレット端末を起動することもある。

　このようにして、普段からタブレット端末を使っていると、さらに発展的な学習にも自然に取り組めるようになる。たとえば、2学期の後半には平面図形を回転させてできる立体について学習するが、「今日は、デジタルペンを使わずに、このソフトを使おう」と指示するだけで、専用のソフトウエアを生徒が自分たちで立ち上げることができるようになる。

　ところで、本校では一斉指導の際にはタブレット端末を使っていない。これは、前述した通り、一斉指導においては黒板や電子黒板を用いた方が効果的だからである。また、タブレット端末は10台しかないので、学級の全員が個別学習のために使うことはできない。

そこで、協働学習の場面で使うことになるが、タブレット端末は、後半のまとめの段階で使うようにしている。子供たちは、まず話しあいながら自分たちのプリントに答を記入していく。その後、お互いに内容を確認しながら、デジタルペンでグループごとに清書している。グループごとに話しあいながら、解き方を話しあったり、不明な点を確認したりしている。

　このような授業を行うためには、グループごとの話しあいの時間をしっかり確保しなければならない。ところが、タブレット端末用の教材に手をかけると、タブレット端末に不具合が生じた場合には学習が成立しなくなってしまう。また、教科書と異なる題材を用いたり、生徒に配るプリントとタブレット用のプリントを異なるものにすると、学習活動が拡散してしまい、今何を学習しているのかがわからなくなってしまうことが多くなった。

　そこで、題材を教科書の問題から選び、配付用のプリントとタブレット端末用のプリントも同じものにした。こうすると、話しあったり作業したりする時間が30分程度確保できるようになる。子供たちは自分たちのペースで考えるようになり、考えがまとまったグループからデジタルペンで清書するようになった。そして、早めに清書が終わったグループは、ほかのグループを手伝うようになったのである。

　このような、互いに学びあう子供たちの様子については、臨床教科教育学会などの研究に詳しいので、参考にしていただきたい。

第5節　指導案を検索して入手するのは実は難しい

　前節までで英語科や数学科での実践例を述べた。他の教科でのICT機器の活用方法を調べる場合には、インターネット等で似たような実践を検索し、指導案を探すことが多いだろう。実際にYahoo!やGoogle等で検索してみると、さまざまな実践事例を見つけることができる。全国各地でICTを活用した授業実践は活発に行われていて、指導案を入手したり、授業の様子を知ることもできる。

また、優れた実践事例を集めた資料としては、文部科学省が一般財団法人日本視聴覚教育協会に委託した、ICT教育活用好事例の収集・普及・促進に関する調査研究事業が詳しい。この事業では2年間で468件の実践事例が寄せられ、このうち130事例を「教育ICT活用事例集」として公開している。

　この実践事例集は、扱っている学習課題も幅広く、ICT機器の活用の方法にも多くの工夫がみられる。個別学習、協働学習、一斉学習などの学習形態の使い分けや、児童生徒に対する支援の仕方についても、示唆に富んでいる。また、比較的平易な文章で書かれており、理解しやすい内容となっている。

　ところが、これらのインターネット上の実践事例を実際に授業で活用しようとすると、実施したい単元での事例がなかったり、使用するソフトウエアが勤務校に導入されていなかったり、機器の使い方の詳細が書かれていなかったりして悩むことも少なくない。また、生徒たちの反応についても、事前に予測することは難しく、授業の組み立て方に苦慮することになる。

　このように、現状ではICT機器を活用した授業を実施することは、とても困難である。しかし、本来は、学校に必ず置いてあるコピー機や印刷機ぐらいの手軽さで簡単に使えるようでなければならないだろう。コピー機や印刷機なら、原稿を置いてフタをしめ、ボタンを押すだけでコピーも印刷もできてしまう。この程度の気楽さでICT機器が使えるならば、授業でもどんどん使えるようになるだろう。実際に、以下に述べるような方法で、気軽に使うことは可能なのである。

第6節　まず教室でICT機器の電源を入れよう

　ICT機器をどのように使えばよいのかわからない。どの教科のどの場面で使えばよいかわからない。そのような場合には、どうすればよいのだろうか。そういう時は、とりあえず誰かが毎日教室にICT機器を持って行き、電源を入れて教室に置くようにするというところから始めればよい。

　小学校や中学校でも、先生が自分の担当するクラスに持って行くことから始

まると思う。研究授業等で時々使うという形では、1年のうちに数回しかICT機器を使わないことになりかねない。それではいつまで経ってもICT機器の活用にはつながらない。

　市販の携帯電話やスマホの様子を見ていればわかる通り、ICT機器の進歩はとても速く、導入して1年も経過すると、すでに新しい機器がたくさん出回っている。3年も経過すると、相当に古い機種になってしまう。その3年間で、数えるほどしか使わないのでは、まさに宝の持ち腐れである。

　とにかく、どこかの学級で、ICT機器が子供たちのすぐそばに存在するような環境をつくるところから始めてみてはどうだろうか。ICT機器が子供たちのすぐそばにあれば、子供たちは放っておいても機器に触ろうとする。これによって、子供たちのナマの反応がわかる。子供たちの反応がわかれば、「では、このような形で教材を提示してみよう」、「こういう風に授業形態を考えてみよう」という活用方法が浮かんでくるだろう。

　また、ICT機器を子供のそばに置けば、子供たちは、短期間でICT機器に慣れるようになる。すると、ICT機器の準備のある程度の部分を任せられるようになる。これは、電子黒板の場合よりも、タブレット端末の場合に顕著である。電子黒板は、電源を入れるだけで使えるようになることが多い。したがって、電子黒板は教師が必要な時に電源を入れれば、使うための準備はとくに必要ない。

　ところがタブレット端末は数が多く、電源を入れたり、ソフトウエアを立ち上げるだけでも手間がかかる。あるいは、10台のうち1～2台がうまく動かないということもありうる。このような場合に、ICT機器を準備する作業をすべて教師が担当していると、肝心の授業がまったく進まなくなる。ICT機器の準備は、ある程度子供たちに任せてしまった方が、うまくいくのである。

第7節　教材は教科書を中心に

　電子黒板やタブレット端末が、いつも教室にあったとしても、教材がなけれ

ば、電子黒板もタブレット端末も使いようがない。ところが「教師が指導する際に使える、コンピュータ用のデジタル教材」は、いまだあまり整備されていない。出版社によっては、教科書に対応するデジタル教材を作成していないこともありうる。あるいは、指導用のデジタル教材が存在したとしても、大変高価で、入手が困難である場合も多い。

　インターネットで、無償で使えるデジタル教材をYahoo!やGoogleで検索しても、なかなか見つからない。また、授業を準備する時間は限られているので、授業の進度に合わせて教材を毎日探すことは、非常に負担が大きい。子供たち全員が持っている、紙で印刷された教科書をそのまま使うようにすれば、手軽に使えて、しかも子供たちの理解が確実に深まる。このように、普段は子供の使っている教科書を用いてICT機器を使うようにしておき、必要に応じて、動画やインターネットの各種ホームページや、カメラの録画・再生機能などを追加して使うようにすれば、自然な形でいろいろな機能を使うことができるようになる。

　学校のなかで、あるクラスでICT機器を使うようになると、当然のことながら、他の先生方もそのクラスの動きを注目するようになる。「年に1、2回だけ研究授業で使ってみる」ということでは苦労も多いが、毎日、必ずICT機器を持って行って電源を入れるようにしていると、準備にも慣れるし、子供たちも手伝ってくれるようになる。そのような子供たちの様子を見ていれば、他の先生方も「これなら自分にもできそうだから、自分の授業でも使いたい」という要望を出してくるようになるだろう。

　そうなった時点で、「では、限られた台数のICT機器をどのように使い回せばよいか」などの検討を始めても遅くはない。このような活動が、教師にとって大事な研修・学びの機会になっていくのである。

（髙瀬　浩之）

コラム：デジタル教科書の動向と活用について

　現在、文部科学省は教科書の内容を搭載したタブレット端末のデジタル教科書の制度化について、「デジタル教科書の位置づけに関する検討会」という有識者会議を設置し、第1回の検討を2015年5月から始めた。デジタル教科書は音声や動画を活用できる利点がある一方、学校教育法では教科書については「紙」が前提となっているため、教科書として導入するには法改正やタブレット端末の費用を誰がどう負担するかなどが課題となってくる。そのため、この有識者会議は、2016年までには結論を出す方針で検討を進めている。

　たとえば、現在すでに一部の教科書会社では、紙の教科書と同様の内容であるデジタル教科書を開発・販売している。しかし、現行制度では無償配布される教科書は「紙」に限られているため、デジタル教科書は副教材の位置づけとなっている。このような背景から、各教育委員会や学校などは独自に購入している状況である。実際にタブレット端末のデジタル教科書を活用・導入した実証校を対象にした文部科学省の研究（2011～2013年度）では、小中学生の9割が「楽しく学習できた」と回答したほか、約8割の教員が「効果的」と評価したと報告されている。

　たしかに、このデジタル教科書は、英語の発音が再生され、日本語訳を見ることができたりするほか、理科では実験の動画を観察する、社会では地理的情報や歴史的背景の動画を見るといったことが可能となり授業の展開が広がることが推測される。また、使い方によっては複数の子どもたちの意見を同時に、しかも瞬時に電子黒板に映し出せるため、討論しながら課題解決策を探る「アクティブ・ラーニング（課題解決型学習）」も行いやすくなるであろう。

　そのため、今後、有識者会議がどのような結論・方向性を示すのかは注目に値する。なぜなら、授業形態や生徒の学習活動や成果に大きな影響を与えるからである。

　2014年6月に閣議決定された政府の規制改革実施計画にデジタル教科書の制度化の検討がすでに盛り込まれ、文部科学省が検討を始まっているが、実際に導入・活用されるまでには多くの課題が残されている。1台の価格が高いタブレット端末を無償配布する予算の確保ができるのか、紙とデジタルの教科書を両方とも無償配布するのか、教科書検定において動画や音声をどう検定するのか。特に、デジタル教科書の扱いや効果的な授業を展開するにはどのように用いるのかといった教員の指導力向上や授業のあり方は今後非常に重要になってくるであろう。

（原田　恵理子）

私物タブレットと SNS 等の活用

第1節　情報コミュニケーション科の設立と概要

1．学科の特徴

　千葉県立袖ヶ浦高等学校情報コミュニケーション科は、「10年先の未来型学習の実現」をキーワードに掲げ、平成23年度より新設した「情報」の専門学科である。高度情報社会をたくましく生き抜く生徒の育成のため、あらゆる学習活動のなかで ICT を最大限活用し、正しく利用しながら実践的で主体的な情報活用能力を身につけることを目的としている。公立高校としては全国ではじめて、全員が1人1台の iPad を自己所持し、校内のあらゆる教室で無線ネットワークが利用できる環境で学習していることが特徴となっている。

2．学科設置のねらい
高度情報化社会における学び方の変化

　インターネットやコンピュータなど情報通信技術（以下 ICT）は急速に発展し、今や高校生のほぼ全員がスマートフォンを所持している。情報社会はその利便性とともに、ネットいじめや個人情報の漏洩等、さまざまな問題を抱えている。しかし、インターネットはすでに学校外でも子どもたちの日常生活に浸透しており、もはや「学校への持込み禁止」という対策では根本的な問題の解決にはならない。つまり、身のまわりの情報機器について、

図7-1　iPad をさまざまな用途で学習に活用している。

「危ないから使うな」から「危険から身を守り、どう防ぐのか」へ、さらに「ICTを生活や学びにどのように役立てていくべきか」について誰もが考えていかなければならない時代に来ている。そのためには、ICTを日常生活に関連させて考え、体験的、経験的に学び、社会に出るまでに各自が適切にICTを扱えるようになる環境が必要だと考え、1人1台のタブレット端末を持たせることとした。

　日本は体系的な知識を教員が伝達するいわゆる「一斉授業」が大きな成果を上げ、高度経済成長を支えてきた。しかし社会の高度情報化、多様化、国際化が進むにつれ、「既存の知識」だけでなく「情報を主体的に収集・判断・表現・処理・創造する能力」や「コミュニケーション能力」、「課題を発見・解決する能力」なども学力として重視されるようになった。

　これらの新しい学力観、主体的な学びの実現に、ICT機器は大いに役立つと考えている。つまり一斉授業だけでなく、コミュニケーションやマルチメディアを取り入れた、生徒の創造的で多様な学びを実現するためのツールとして、タブレット端末を各自に持たせることとしたのである。

第2節　タブレット端末導入の形態

BYOD方式のメリット

　学校内外を問わず、「日常生活のなかでICTの利点・欠点を体感的に身につける」こと、「学習のなかでの多目的ツールとして主体的に活用させたい」との目的から、端末は生徒の私物として個人購入の形式をとることとした。これはBYOD（Bring Your Own Device）、私的デバイス活用と呼ばれ、ビジネス分野だけでなく教育界でも注目されてきている。

　この方法は、端末を自治体や学校が購入して配付や貸与する場合に比べ、コストがかからないことが主なメリットとして取り上げられるが、そのほかにも以下のような理由からBYOD方式とすることとした。

　①端末の性質：タブレット端末は携帯電話などと同様に「モバイルデバイス」、

「パーソナルデバイス」という性格が強く、数人で使いまわすよりも個人利用に適した設計がされている（たとえば個人IDによって設定やドキュメントが同期するなど）。

②学習成果の蓄積：個人端末であれば授業後に回収、設定の初期化などを行う必要がなく、写真やレポートなど授業の履歴が各自の端末に自然に蓄積されていき、いわばデジタルポートフォリオのように扱える。

③主体的な活用：いつでも私物として持ち歩けることで、教員による指示されたタイミングや用途のみに使用するのではなく、部活動や学校行事など、各自のアイディアを活かして主体的に活用できる。

④部活動や家庭学習での活用：部活動での活用や、家庭への持ち帰りが可能となり、反転授業への活用も期待できる。反転学習を実施する場合には家庭での動画視聴環境が必要であるし、レポートの作成や提出を家から行ったりするなど、時間や場所の制約を超えた活用が期待できる。

⑤ 常に改良される機器の利用：近年テクノロジーの進化が早く、毎年のように機器の機能や基本性能が向上している。備品として使用する場合には数年間使い続けることになり、5年も経てば実用に耐えないような状況になることもある。機器のモデルチェンジが毎年のようにくり返されていく状況が好ましいかどうかはともかく、生徒が入学時に常に最新、高性能の機種を使用できることはたしかにメリットといえる。

⑥愛着が活用を深める：各自のiPadは、おのおのがそれぞれ個性的なカバーをつけて大事に使っている。「借り物」でなく、日常的におのおのがさまざまな機能を試行錯誤できる環境が、授業での活用のあらたなアイディアにつながることも多い。

第3節　BYOD方式のデメリット

1．家庭の費用負担

情報コミュニケーション科では、iPadを購入してもらうことを毎年近隣中

学校を訪問して直接説明し、出願時や入学前の保護者説明会等でも説明しているため、購入に関する苦情はこれまでに出ていない。また、入学時に端末を用意してもらえば、その後は通信費などの費用はかからないようにしているが、故障や破損事故が発生した場合には各家庭で負担してもらわなければならない。保険への加入は掛金も安くなく、全員加入を強制することも難しい。故障や破損を防ぐことが、追加費用を防ぐ最善策といえ、本科では本体カバーの装着の推奨と、鍵付き個人ロッカーの用意で、落下による破損と盗難を防止している。これまでに盗難事故は0件、落下による破損は1年につき平均3件ほど起きていたが、本体カバーを装着させてからは2年間で1件の破損しか起きておらず、カバーの装着は大きな効果があると実感している。

2．管理・制限について

授業で利用するタブレット端末に、ゲームなどのアプリケーションをインストールして良いのか、授業中にタブレット端末で遊んだりしないのか、それらの対策として、機器の機能制限などの管理を行うべきか、あるいはどの程度行うべきか、という問題がある。技術的には、「MDM（Mobile Device Management）」（モバイルデバイス管理）と呼ばれるシステムを利用して、端末の初期設定、インストールアプリ、機能制限などについて統一ポリシーを一斉に適用することができる。しかし、これを実際に行うかどうかについては、システム導入のコスト面以外にもいくつか検討すべき論点がある。

第1に生徒の私物端末に学校が強制的に機能制限を加えるということが可能であるか、あるいはどの程度可能か、という点である。第2に学校が定めた（想定する）使い方に限ることで、生徒による主体的な活用、あらたな学びのアイデアを見出す可能性まで限定してしまうのではないか、という点である。第3に授業中の目的外利用という問題について、端末の機能制限という対症療法的な対応では本来的な解決にならないのではないか、という点である。

これらの論点は、端末が学校や自治体による配付かBYODか、学校種や児童生徒の発達段階、生徒指導上の状況、タブレット端末が学校や学科目標にど

のように位置づけられているか、等によってさまざまに異なる方策がとられることになるはずである。

　本校においては、有害サイト等のコンテンツフィルタリングは行っているが、端末への機能制限はとくに設けていない。理由は、授業だけでなく学校行事や部活動、家庭を含めた生活全般のなかで、われわれはICTとどのように関わっていくべきかを生徒自身に考えさせたいからである。また、生徒の自由な発想を学習活動に活かす余地を残したい、遊びにも学びにも多様に使えるあらたなデバイスを、場面によってきちんと使い分けられる意識とスキルを身につけてもらいたい、などの学科の運営方針があることによる。ただし、学校で定めたネットワーク利用規則、運用ガイドラインとは別に、生徒自身に「利用のルール」を定めさせている。もちろん授業中に目的外利用してしまった生徒がこれまでに皆無といえないのは事実だが、厳しい禁止事項を学校から押し付けるだけでなく、生徒たちにみずから望ましい利用のあり方を考えさせることで、ある程度長い時間をかけても、TPOに応じた情報モラルと活用スキルを身につけてほしいと考えている。

第4節　端末の選定と購入方法

　2010年当時の学科の設置準備、端末選定時には、タブレットがまだそれほど一般的なデバイスでなかったことから、生徒が持つのであれば文字入力のしやすさからノートPCが良いのではないかとの意見もあった。しかし本校ではこれまでの教科書やノート等の教材・教具のデジタル化を目指しているものではなく、生徒のコミュニケーションの多様化、表現力の育成等をタブレット活用の役割と位置づけている。文字入力のしやすさよりも、マルチメディアの視聴、生徒によるカメラ・ビデオの利用、プレゼンテーションやコミュニケーションを取り入れたりする学習活動においては、むしろPCよりもタブレット端末の方がふさわしいと考えた。iOS、Android、Windowsの各タブレットを比較検討し、軽快な動作とタッチ操作のしやすさという基本性能の高さ、ウイルスや

有害アプリの少なさ、バッテリーの持ち時間、インタフェースの明快さ、無線によるプロジェクタや電子黒板への画面転送のしやすさなどから、iPadを指定機種として選定することとした。また、写真や動画などのマルチメディア、文字の読みやすさ、グループ内利用、プレゼンテーション時の他者への資料提示にはある程度画面が大きい方が効果的であるとの考えから、iPad miniではなく、画面サイズが9.7インチの機種を指定し容量、カラーは自由とした。

　これらの選定理由、各種モデルの機能差、価格差などを資料にまとめ、入学式前の保護者説明会で説明し、購入の仕方についても案内している。購入は量販店、オンラインストア等いずれの方法でもかまわないこと、授業が始まるまでには準備しておいて欲しいこと、端末にはアプリ購入のためのクレジットカード登録をしないこと、家庭での利用の仕方についても目を配っていただくこと、などについて保護者と確認し、不明・心配な点について相談を受け付けている。

第5節　ネットワーク環境とセキュリティ

　校内の無線LAN環境を構築するにあたり、既存のインターネット回線、校内LANとは別に、外部回線契約、校内LAN配線の敷設を行った。理由は、以下の4点である。

　①既存のインターネット回線、校内LANは県の設備であり、生徒の個人端末をこのネットワークに接続するには県のネットワークセキュリティポリシーに抵触するおそれがあったため。

　②既存の回線は2つのPC教室、教員の端末が利用しており、さらに200台近くのタブレット端末が接続されると、帯域的に十分でないため。

　③県の回線ではセキュリティ対策上、通信ポート規制が厳しく、正しく動作しないアプリが運用テスト段階で複数確認できたため。

　④既存ネットワーク内のデータの流出等の懸念から、無線を利用するネットワークを新規に構築することで、従来の校務情報ネットワークと完全に独立し

た運用が可能なため。

また、セキュリティについては、以下の方針で運用している。

①タブレットの接続は、現状でもっとも高度なセキュリティレベルといわれるWPA2-AES方式で暗号化し、セキュリティキーは生徒には伝えず、入学時に担当職員が設定する。

②固定IPアドレスを入学年度と出席番号をもとに割り振り、すべてのIPアドレスの利用者がわかるように記録し、生徒端末へは入学時に職員が設定する。

③各端末のMACアドレスをアクセスポイントに登録し、万が一セキュリティキーが漏れたとしても、登録されていない無線機器の通信を防ぐ(MACアドレスフィルタリング)。

④プロバイダの有害コンテンツフィルタリングサーバをプロキシとして設定し、校内ルータに、プロキシを経由しない通信を禁止する設定をする(コンテンツフィルタリング)。

⑤盗難防止のため、鍵付きの個人ロッカーを教室前の廊下に設置し、生徒各自で管理させる。

第6節　iPadの授業での活用について

1．活用の基本的方針

　第1節で述べたように、情報コミュニケーション科は知識・技能の習得だけでなく、情報社会を生きる上で各自の目的に応じてICTを活用し、コミュニケーションやコラボレーションを通して協働的に学びあうことをねらいとしている。タブレット端末を授業で利用する時、従来の教科書や黒板、ノートといった教材、教具をデジタル化しただけでは、これらの目標は達成できない。板書をスライドに置き換えて各自のタブレットに配付したり、生徒のノートテイキングをタブレットで行ったりしても、省力化や効率化は実現できるが、授業そのものの構造はなんら変化がないからである。

　高等学校のもっとも一般的である授業はいわゆる「チョーク&トーク」と言

われる講義型の一斉授業が中心といえる。生徒は各自の席に座り、黙って教員の話を聞き、教員の板書をノートに写す、という形態となる。既存の体系的な知識を多数の生徒に教えるには、たしかにこの方法はもっとも効率的で、日本の戦後教育における学力向上、その維持に大きな成果を果たしてきたといえるだろう。しかし、2003年の「生徒の学習到達度調査（PISA）」の結果を受け、文部科学省では、日本の子供たちの学力は全体としては上位にあるとはしながらも、「『読解力』などについては低下傾向にあり、もはやトップレベルとは言えない」、「『自ら考える力』が必ずしも十分身についていない」、「学ぶ意欲や学習習慣の部分に問題があるのではないか」と分析している。また、同省の学校教育の情報化に関する懇談会の意見（文部科学省，2010）では、「情報化は21世紀の学びにとって不可欠な手段である。」とされ、「90年代半ばまでは知識を詰め込んだり、いろいろなものを速く計算したりする能力が、当時の工業時代の産業構造に一致していた。これからは、創造性、国際力、コミュニケーション能力になってくる」、「21世紀の知識基盤社会で求められる能力（21世紀型スキル）としては、情報創造力のほかに、批判的思考力、問題解決力、コミュニケーション力、プロジェクト力、ICT活用力等がある。」などとしている。

すなわち、いくらタブレット等のICT機器を活用したとしても、授業の構造が旧来の形のまま行われているだけでは、これからの高度情報化、多様化、国際化が進む社会をたくましく生き抜くためには十分な学力、能力が養われるといえない。そこで、本校が生徒1人1台のタブレット端末を活用するにあたっては、従来の一斉授業は知識習得の基本的な形態として重視しながらも、そのほかに「生徒の主体的な学び、協働的な学び、創造的な学び、等の多様な学び方を実現し、授業の中にコミュニケーションを創出して現代の社会に適応した能力を育成するためのツールとして活用する」ことを主眼としている。

2．授業実践事例

iPadを活用することで、みずからが授業に参加しているという意識と行動、学ぶこと、学んだことを実感として感じるために、主に写真、動画、音声等の

「メディアを活用する」こと、グループ活動やプレゼンテーション、SNS等を活用した「コミュニケーションを重視」した活用を行っている。

（1）「生物」、「化学」——実験観察過程の記録と共有

顕微鏡観察実験において、内蔵カメラを顕微鏡の接眼レンズにあてて撮影することによって、静止画および動画で観察結果を記録する。撮影した映像はすぐにネットワーク上で共有し、他者の撮影した結果と比較することができる。

撮影された結果は、電子黒板等に投影して発表を行うほか、各自がプレゼンテーションやレポート形式にまとめる際の素材として活用する。

（2）「外国語」——発音の録音と共有

英語等の授業では「読み」は一斉に行われることが多く、生徒の一人一人の発音を把握、指導することは日常的には困難であった。そこで、生徒各自に「Evernote」というデジタルノートに発音を録音させている。生徒各自のノートは教員と共有されており、教員はいつでも生徒のノートを閲覧したり編集したりすることが可能である。

授業中の読みの時間に、生徒はiPadの内蔵マイクを用いてこのデジタルノートに各自で録音を行う。教員はそれぞれの生徒のデジタルノートを開くことで、音声を再生させ、コメントを書き込むことができる。発音をデジタルデータで保存できることで、「読み」の宿題を出したり、生徒が自分の発音を後から確認したりすることも可能となった。

（3）「家庭科」——実習動画教材ライブラリ

教員がiPadを用いて裁縫等の動画教材を作成し、生徒は実習前の事前学習として動画を視聴する。動画はクラウドストレージに保存してあり、学校や家庭でいつでも視聴することができる。生徒は各自の端末で動画を再生し、細かい部分を拡大したり、難しい部分をくり返し視聴したりして内容をよく理解した上で、

図7-2　背面のカメラを顕微鏡の接眼レンズにあてて写真を撮影

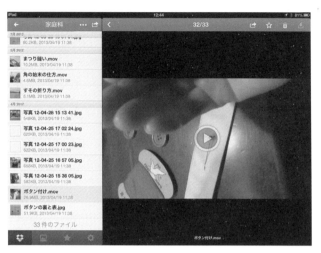

図7-3　教員の自作による実習動画

実習に臨むことができる。この動画を事前視聴した生徒の実習課題作品はほかのクラスにくらべて評価が高く、また実習にかかる時間もかなり短縮されるという成果が得られ、今後進んでいくであろう「反転学習」への期待が実感できた。

　動画教材の作成はこれまで大きな労力と知識が必要であったが、iPad単体で撮影から編集、インターネットへのアップロードまでを簡単に行うことができるため、教員のマルチメディア教材作成にかかる時間と難易度のハードルは劇的に減少したといえる。

（4）SNS（ソーシャルネットワーキングサービス）を使った授業

　教育専用SNS「ednity（エドニティ）」を利用し、生徒はいつでも授業中に考えた疑問や質問を投稿することができ、教室にある電子黒板に随時表示されている。教員は授業中、リアルタイムにこれらの質問にフィードバックを行うことができ、生徒相互にもお互いの疑問・質問を共有することができる。

　これまで埋もれてしまいがちだった生徒の小さな疑問が、その場で授業の話題として取り上げられることは、該当単元のより深い理解や補足知識となることはもちろん、生徒の授業への関心や参加意識が高まるという効果が非常に大

きい。教員と生徒のやりとりが活発になることで、SNS上だけでなく口頭での発言も積極的になってきており、また定期テストの成績も向上している。

第7節　成果と課題

1．成　　果
（1）コミュニケーションの活性化
　iPadの導入により、さまざまな授業で、生徒同士で協力しあったりディスカッションしたりすることが活発に行われるようになった。ネット活用も含むコミュニケーションの場を多く設定したことで、オンラインだけでなく、対面でのコミュニケーションにも有効に作用したと考えている。3年次の「課題研究」では、グループで課題を設定し、解決のために研究活動を行って具体的な提案を行っている。これらの活動を学校外の人々に向けて発表することで、単に記憶するだけではなく、生徒たちが他者と協力しながらみずからあらたな価値を生み出すような学習が実現してきている。

（2）主体的な情報モラルの育成
　従来の情報モラル指導では、「他人の著作物を無断で使用してはいけない」、「個人情報を漏らしてはいけない」というような、いわば何かを「させない」ための指導になりがちであった。しかし、オンラインストレージやSNSといった技術に日常的にふれ、自分の資産（ファイル）や発言が他者からどのように見えるのか、その範囲や影響力を体感的に感じることで、みずから考えて行動をとることができるようになった。たとえば著作権についても、他者の著作物を単に「使わなければよい」とするのではなく、著作者を調べて使用許諾を受ける、などの行動を自主的に行うようになってきている。

2．課　　題
　すべての教員がICTの活用場面や効果を理解し、教員や生徒のアイデアを共有して授業づくりに活かせるよう、より良い授業を実現するための情報共有

のしくみを整えることが必要である。

　タブレット活用のノウハウと経験をもった教員が異動しても、当該教科のICT活用がその後も継承できるように、活用のポイントと実施の方法を記した事例集などを作成し、誰もが参考にできるようにまとめておくことが今後の課題であり、現在作成中である。

　BYODは家庭への持ち帰りや部活動などでの活用など、生徒自身の端末であることのメリットが数多くあるが、反面、故障や破損、盗難などのトラブルの際には各家庭で対応してもらわなければならない。入学時のタブレット端末代金に加え、さらに修理や買い替えなどの追加負担が生じないように学校としても十分留意すべきである。

第8節　おわりに

　本校では、タブレットの活用は「生徒が単に教員の話を聞き、板書を書き写す」授業から、「主体的に学習に参加したり、他者とのコミュニケーションを活性化させたりする」いわゆるアクティブラーニングを実現するツールであるべきだと考えている。教材を電子化し、単に閲覧したり省力化・効率化したりするだけでなく、意欲的、協働的に、また創造的な学びを実現するための道具としてICT機器は大いに役立つ。これらの学びは、ICTを使用しなくても可能ではある。しかし、デジタル情報とネットワークを利用することにより、時間と場所を超えて情報を共有できることは、授業のあらたな広がりをもたらす。個性を重視しながら皆で協力して課題に取り組む協働的な学びを、タブレット端末やネットワーク環境を活かし、今後もさらに充実させていきたいと考えている。

　　　　　　　　　　　　　　　　　　　　　　　　　　　　（永野　　直）

【引用文献】
文部科学省（2010）. 学校教育の情報化に関する懇談会　これまでの主な意見（第1回〜第6回）
　　http://www.mext.go.jp/a_menu/shotou/zyouhou/1296728.htm）

コラム：ICT活用で学びの姿勢が変わる

「『何を学ぶか』に『どのように学ぶか』を加えた授業実践」、袖ケ浦高等学校の情報コミュニケーション科のタブレット端末活用を中心とした、授業におけるICT活用を一口で語るとこのようになるだろうか。これまでのチョーク＆トークの講義形式の授業による知識・技能の習得に加え、より多様で広く、そして深い学びを実現し、他者と協働して問題を解決する力や思考力・判断力・表現力、さらにはコミュニケーション能力を育成する。その実践にきわめて有効なツール、アイテムとしてタブレット端末を活用している。実際視察にみえた方は、目の前に展開するこれまでと変わらない、教科書とノート、黒板を使った授業に戸惑いを感じるはずである。袖ヶ浦高等学校の情報コミュニケーション科を「非凡な普通科」と称した人がいたが、その非凡さは、一見これまでと変わらない学びのなかに、どう学ぶかにつながる「認識」や「共有」、「評価」といった作用を、アプリやタブレット端末の機能によって組み込んでいるところにある。

図7-4はタブレット端末活用コンセプトを説明する際に用いる資料である。通常の講義形式の授業のなかでは、ややもすると埋もれてしまいがちな、あるいは取り上げられることすらない生徒の「主体性」に結びつく学びの要素を、タブレット端末を活用して増幅・拡張するイメージである。その活用によって、これまでの授業では難しかった、人とのかかわりあいのなかで自分の考えを変容させるプロセスや、他者を理解し自己確認をする省察的な経験をするアクティブな要素が取り入れやすくなるのである。図7-5で説明するならば、これまで教員主導で生徒が受動的であった部分（C）に埋もれた能力の育成要素を、生徒が主体的かつ能動的である状態（B）に移行させる有効なツールとしてタブレット端末の活用はある。

実際の活用はさまざまであるが、どの活用をとっても、これまでの知識・技能

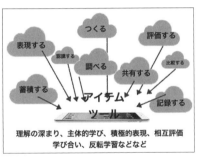

図7-4

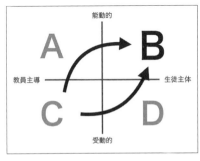

図7-5

の習得に留まらない、「能力」の育成に結びついていることを実感する。SNSを用いた授業の疑問や感想の共有と協働的な学びへの発展は、生徒の自己肯定感を育み、学習への興味・関心を深めるだけでなく、探求心へ結びつき、あらたな知見を広める経験をさせている。反転学習的に行われている、動画事前視聴による実験や実習の試みや、質問に対する生徒の解答の一覧表示や、その数をリアルタイムに集計しグラフ化するクリッカーアプリ（PingPong）を用いた瞬時の意見共有などでは、他者とかかわりあいながら自分の考えを少しずつ変えていくという学びがなされている。クラウドを用いた音声や動画レポートの提出は、これまでになかった個に応じた評価と指導を可能にした。何よりも、共有し、協働し、認識しあうなかで、リーダーや指導者といった少数の決めた答や教えに従うだけでなく、自分で考え、他者と考えを融合させながら独自の解答を導き出そうとする姿勢が身についている。

　タブレット端末はアクティブな学びを実現し、「能力の育成」と「主体的な学び」を導くのに有効なツール、アイテムである。しかし、用いたから必ず導けるという短絡的なものではない。タブレット端末を活用した授業改善を推進するなかで、明確に見えてきたのは、授業デザイン力のある教員、やりたい授業がある教員、常に授業に対して省察の目をもっている教員にとってこそ、きわめて魅力的な有効なツールであるということである。

　「Studying から Learning へ」というコンセプトからスタートした袖ヶ浦高等学校の情報コミュニケーション科の取組は、生徒たちのもつ自己肯定感や創造する喜びの姿から見ると、MITメディアラボ（MIT Media Lab）の説く、子供たちの創造的な学びに必要な4つのP（Projects、Peers、Passion、Play）を備えた Creative Learning への一歩を踏み出し始めたのかもしれない。

（日髙　学）

テレビ会議システムを活用した遠隔教育

第1節　テレビ会議システムによる高大連携授業

1. テレビ会議システムを利用した遠隔教育実施の経緯

　千葉県立柏の葉高等学校の「情報理数科」は、平成19年に千葉県ではじめて設置された情報に関する専門学科である。「専門教科の学びをとおして、情報を活用する力、分析する力、課題を解決する力を身につけ、21世紀の社会をリードできる能力の育成をめざす」という教育目標を実現するために、特色ある教育を実施し、生徒の視野を拡げて専門性を高めるため、大学・企業、地域との連携が積極的に実施されている。平成20（2008）年4月からは、高大連携協定を締結している東京情報大学とはテレビ会議システムを使って教室を結び、大学で行われている講義の受講が始まった。なお、使用しているテレビ会議システムは、この講義を実施するために高大連携協定に基づいて東京情報大学から預かっているものである。平成27（2015）年には、本校だけでなく、遠隔地にある東京農業大学第一高校の希望者もテレビ会議システムを使って中継で授業を受講するだけでなく、同時に、大学の近隣高校（千葉県立千城台高校、千葉県立四街道北高校、千葉県立佐倉南高校）の希望者は直接大学の講義室で受講でき、さまざまな高校の生徒が一斉に授業を聴講する形態が行われている。

2. なぜ、遠隔教育を学校教育に導入するのか

　遠隔教育は、双方向のやり取りが可能な「同時双方向型」と、事前収録した授業を視聴して行う「オンデマンド型」の2つに分類される。では、なぜこの「遠隔教育」を学びに取り入れる必要があるのであろうか。
　1つ目には実践力育成の新しい授業を実現することが可能となり、その担い

手の不足を解消することができる。都市部を含め地方でもコミュニケーション力や英会話、起業家創造など実践力教育とされる「新しい授業」を正規授業で行うには、教員確保は非常に困難である。

2つ目として、離島や山村など小規模学校における常勤教員不足の問題を解消できる。少子化に伴い、高等学校に通う生徒数、一校当たりの生徒数が減少しており、今後更なる減少が見込まれる。このため、各教科・科目等の専門知識を有する教員を十分に確保できない事例も生じている。とくに、離島や過疎地などにおける教育の機会確保が必要であるとされている（文部科学省，2014）。

3つ目として、イノベーション加速への貢献である。学校の授業における遠隔授業の実現は、ICT技術による教育でのイノベーションの実現を加速させ、生徒の知識を学ぶ意欲の向上が期待できる。高校に居ながらにして、大学の先生の話を聞いたり、指導を受けたりすることができる点にある。たとえば、40人の生徒を連れて大学を訪問して講義を受けることを想像してみればわかるように、お互いに移動の時間や費用もかからず、時間さえ調整できれば実施が可能であることは大きい。

一方、通信回線越しでは直接見たり聞いたりする場合に比べて伝わり方に困難さを伴うことも少なくない。たとえば音楽のコンサートを生で聞く場合とテレビで見る場合とでは違うように、同じ場を共有することによって伝わること・わかることもある。また、テレビ会議の画質や音質を良くできれば改善される部分もあるが、ある程度意識して画面や音声に集中しなければならない状況にある。そのため、直接授業を受ける場合よりも疲労感をもちやすい。

3．柏の葉高校における遠隔講義

遠隔講義は、東京情報大学で実施している高大連携教育プログラム（表8-1）の中の一部として、大学と高校をテレビ会議システムで接続して実施している。このプログラムは、通常は火曜日の放課後に実施しており、近隣の連携高校では、生徒が実際に大学に行って受講している。柏の葉高校では、遠隔で配信可能な講義を6回程度実施している。講義内容は、講義を中心とした回からソフ

トウェアを使ってアニメーションを制作する回まで多岐にわたる。プログラムの概要の詳細を表8-1に示す。

表8-1 平成26年度の東京情報大学高大連携教育プログラムの概要

〈90分授業：一部遠隔なし〉

回	期日	タイトル	概要	遠隔
1	4月15日	未来を拓く「情報」を学ぶ（導入授業）	SNS、ブログ、音楽配信など、高校生の日常を例に、私たちの生活が情報コミュニケーション技術にいかに支えられているか理解を深め、明るい未来を創る「情報」の可能性を探る。	あり
2	4月22日	スポーツを科学する～コンピュータを使って動きを見よう～	コンピュータや映像機器を使ったスポーツ動作の分析の方法などを紹介。反応時間や動作分析など簡単な実験や「スポーツ心理学」「スポーツバイオメカニクス」などの講義。	あり
3	5月13日	体験！コンピュータグラフィックス	CMや映画、商品のデザイン等に活用されているCGのしくみを解説。ソフトを用いて、形状作成、色や光の設定、物体の動きやカメラ操作を学び、有効な表現方法について考える。	なし
4	5月27日	コンピュータウイルスとの戦い	コンピュータウイルスの被害実例を示し、実際にデモ機材で体験し理解を深める。既存の対策ソフトではウイルスを根絶できないこと、ネットワークを利用した対策についても解説。	あり
5	6月3日	日本アニメの世界戦略～もてるアニメ・もてないアニメ～	世界で高い評価を得ている日本アニメーションについて、アニメーション作品の実例をもとに、その成否を分けたものは何か、受講生とともに考える。	あり
6	6月10日	衛星を使ってマーケティング～コンビニ出店計画～	コンビニはどのように出店場所を選んでいるのか。人口密度、年齢層、駅や隣のコンビニとの距離など、様々な条件を地図上に展開し、有効な出店場所について受講生と考える。	なし
7	6月17日	楽しい！心理ゲーム体験～人間関係？気楽に考えよう～	ストレスの多くは否定的な人間関係に原因がある。良好な関係をつくるために、相手と楽しく遊びながら、新たな友人の輪や、ソーシャル・サポート感の高まりについて考える。	あり
8	6月24日	文化人類学への招待	キャンパス内の自然を観察しながら、植物の名前の由来や、人間とのかかわり方を解説。日本の原風景である里山から、自然との共生のあり方についてともに考える。	なし

回	期日	タイトル	概要	時間
9	7月15日	コンピュータの内部をさぐる （PCの分解・組立て）	パソコンをCPU、メモリ、ハードディスク等の部品レベルまで分解、再度組み立てる。構成する部品の役割や、部品間の接続構成、パソコン全体の動作について理解を深める。	なし
10	7月22日	体験！Webアニメーション	Webアニメーションの制作を経験。ドロー、シェイプツールを使って作画を行い、時間軸の概念を理解しオリジナル・アニメーションなどの作品を完成させる。	あり

〈夏季集中体験授業：遠隔なし〉

回	期日	タイトル	概要	時間
1	7月30日	高校生のための情報リテラシー （90分×4コマ）	第1部「携帯電話と人間関係について考える」 携帯電話に関わる問題について、高校生を対象に実施した携帯電話の実態調査の結果を紹介しながら考える。 第2部「高校生のためのソーシャルメディア活用術」 ソーシャルメディアの活用方法や留意点を解説し、情報収集・情報発信・人脈作りの観点からパーソナルブランディングにつながる考え方を学ぶ。	90分 4コマ
2	7月31日	セルフポートレート・ワークショップ～未来の私に伝えるワタシの物語～	未来の自分に伝えたい、今の等身大の自分のメッセージを込めた写真を"セルフポートレート"として表現し、キャプションをつけて作品を制作する。	90分 3コマ
3	8月1日	地図をつくる	衛星画像に示される海岸線をマウスでたどり、ポイントを追跡し、線分の集合を作成する。これを地理情報システムという地図作成のソフトウェアに投影して地図を作成する。	90分 3コマ

4．遠隔講義のための機器やネットワーク

　テレビ会議を行うためには、映像や音声を送受信するシステム（カメラやマイク、スピーカーなどを含む）とテレビやプロジェクタなどの表示装置、そして通信のための回線（ネットワーク）が必要になる。事前に、大学側と同じソフトウェアをインストールするなどの準備などを行うこことで、遠隔講義はスムーズに受けることができる。以下にその詳細を説明する。

（1）テレビ会議装置

　柏の葉高校で使用している装置は、Polycom社製のVSX7000である。この

装置は本体にカメラとスピーカーを内蔵していて、モニタ上に配置するのに適したデザインになっている（サブウーハーも別にある）。

このようなテレビ会議専用装置の使い勝手のよいところは、リモコンでカメラの操作（パンやチルト、ズームなど）が可能なところである。また、三角形をしたマイク（3個の指向性マイクを内蔵している）の性能が非常によく、多方向からの音声も拾いあげてくれ、音質もよい。音声のミュートもリモコンから簡単にできるので、状況に応じて柔軟に対応しやすい。

多地点接続も簡単にできる。大学側で多地点接続に対応している機器を使うことにより、本校と同時に他の学校も接続して講義を実施している（同時に4地点まで接続可能）。なお、このVSXシリーズは、現在はハイビジョン画質のHDXシリーズに置き換わっている。

（2）表示装置

表示装置は、テレビやコンピュータ用のモニタやプロジェクタ等が利用できる。柏の葉高校のコンピュータ教室には、テレビ会議などを実施しやすいようにプロジェクタが2台設置してある。Visual Concert VSXというオプション装置により、大学側のコンピュータの画面も受信することができるようになっており、カメラ画像とコンピュータ画像を図8-1のようにプロジェクタに投影している。

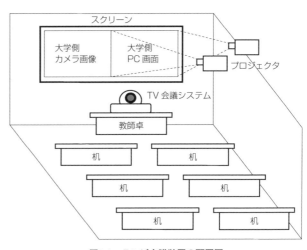

図8-1　テレビ会議装置の配置図

(3) ネットワーク

 通信のための回線（ネットワーク）は、以前は ISDN 回線も使われたが、現在ではインターネット回線（IP 接続）が主流になっている。外部との通信にはグローバル IP アドレスが必要になる。柏の葉高校では、情報理数科の実習や Web サーバを運用するために、インターネット回線とグローバル IP アドレスを持っており、そのうちのどちらか 1 つをテレビ会議用として使用している。

 大学と接続する際には、テレビ会議装置に大学側のグローバル IP アドレスを入力して、電話をかける要領で接続する。ネットワークの帯域はあまり必要なく、接続時の解像度によって異なるが、2Mbps 程度あれば十分のようである。なお、接続のためにファイアウォールやルータの設定が必要になる場合もある（テレビ会議装置が使用する TCP ポート、UDP ポートを通信できるように開ける必要がある）。

5．遠隔講義を成功させるためのポイント
（1）接続先と連絡を取る方法の確保

 FAX を送った後に「FAX を送りました」と電話する、という笑い話があるが、遠隔講義を成功させるためにも「準備は大丈夫か」と連絡できる手段の確保が大切である。携帯電話などが一番便利だが、チャットやメールなどによる手段もあわせて確保し、接続トラブルに対応できるようにしておくことが望ましい。とくに、授業時間内にテレビ会議システムを使う場合、「つながらなかったから授業ができない」ということは言い訳にはならない。事前に接続テストなどを行っておくことはもちろん必要だが、何かトラブルがあっても対応できるよう事前準備や心構えをもっておくことが重要である。

（2）遠隔講義で使用する資料の準備

 遠隔講義で使用する資料は、事前に送ってもらうように担当者へ依頼する。接続トラブル等でうまくつながらない場合でも、資料があれば何とか授業を進めることができるし、音声だけなら電話を使って何とかす

マイクの正面を口元に向けて使う。タイピン型マイクは襟元に付ける。

図8-2　マイクの使い方

ることもできる。

（3）外部カメラやマイクの活用

　遠隔講義の場合、送出側のカメラ映像や音声の質は、受信側で学ぶ生徒の疲れに大きな影響がある。画質や音質が悪いと、受講している生徒は疲れたり内容に集中できなかったりするからである。とくに、音質が悪いと聞き疲れする。可能であれば、外部カメラを接続し、ズームや移動を上手に行って見やすい映像を送るようにする。また、外部マイクで教師の音声をしっかり拾い、雑音が少ない状態で送るようにする。その際、マイクの指向性などを理解して、講師授業がマイクを正しく使うように依頼することも大切である（図8-3）。

6．高大連携による遠隔教育の進め方のポイント

　遠隔教育を実践した経験に基づき、高大連携のポイントを考えてみたい。
　まずは、「連携先をどのように見つけるか」ということである。最近では、多くの高校で高大連携が行われるようになったが、それでもどうしたら連携できるのかがわからない、という声も聞く。以前、理科関係で小中高校の教員と大学や博物館の先生方とが集まって「連携」について語るイベントがあった際、小中高の学校側も大学や博物館側も、どうやらお互いに「どうやってファーストコンタクトを取ったらよいか」と考えてしまっているようであることが明らかにされた。たいていの場合、大学や博物館の側では、「学校側と連携したい」という気持ちをもってくれているようである。だから、まずは先方に連絡してみることが大切である。誰に連絡を取ったらよいかわからない場合には、「入試広報課」などに相談するとよいだろう。そして、思い立ったらすぐ行動することも大切である。「来年に……」と考えていたら、きっと来年も実施できない。もし、連携の内容を考えるのが難しければ、多くの大学が用意している「出張講義」のリストを活用して連絡を取ってみるのも一つの方法となり、連携のきっかけになるかもしれない。
　2つ目は、事前の打ち合わせを行うことである。連携授業を成功させるためには、事前に生徒の実態や連携授業の目的を互いに、きちんと共有しておくこ

とが必要である。生徒の実態や既習事項などがわからないままに連携授業を行うと失敗してしまう恐れがある。

　最後に、継続的に効果的な連携を行うことである。1回かぎりの連携ではなく、年に数回または毎年のように継続的に実施することで、講師側も生徒の実態をよく理解して生徒にあわせた内容を工夫してくれたり、高校側にも改善をお願いしたりすることができるようになる。そのためには、電話やメールなどの連絡だけでなく、対面での打ち合わせや、日頃のコミュニケーションが重要になる。そして、お互いにメリットがあるような連携を工夫することも大切である。

　ここで、視点を変えて生徒と教員の立場で考えてみよう。生徒への教育のポイントは遠隔教育を受ける生徒自身への意識づけである。生徒の関心・意欲を日頃から育て、視野を広げる学びの機会として参加させたい。また、希望者向けの連携授業の場合には、授業への参加を促す声かけを行い、参加に向けて背中を押してやることが大切である。生徒の多くは参加することで視野が広がり、関心・意欲が高まるだけでなく、生徒の学習ニーズの多様化への対応や、より一層、多様かつ高度な学習をすることができる。

　教師の利用におけるポイントは、生徒が連携授業に参加して意欲や向上心を高める様子を見て、生徒の成長を感じることである。授業においては生徒へのきめ細やかな対応を行うことが必要となるが、教員自身が高大連携の効果を体感することが高大連携を成功させるために重要になってくるであろう。

第2節　Skypeを使った遠隔教育

　これまで、テレビ会議用の専用装置を使った教育を紹介したが、専用の装置はかなり高価であり、それを双方で用意しなければならないとなると、敷居が高い。そこで、簡単な方法として、Skypeを使った方法について紹介する。

1．Skypeとは

　Skypeは、インターネットを使った電話サービスで、Windows 8から標準機

能となった。また、スマートフォン向けのアプリも提供されているので、さまざまなデバイスでSkypeを使用することができる。Skypeのほかにも似たようなサービスは多いが、利用者が多いことや、Windows 8以降は標準で使えるようになったことなどから、利用のハードルは低い。

　Skypeは、音声だけでなく、映像も送ることができる。また、グループビデオ機能を使えば、同時に9人（最大5人を推奨）までのビデオ通話が可能である（以前は有料だったが無料となった）。

2．Skypeを使った海外の学校との接続の実践例

　柏の葉高校では、国際理解教育の一環として、夏季休業中に希望者を対象に約2週間のオーストラリア語学研修を実施している。しかし、研修にかかる費用は高額なため、すべての生徒が参加できるわけではない。そこで、オーストラリアの研修先の高校とSkypeを使ったテレビ会議による交流を行うために、Skypeの接続実験を行った。

　オーストラリアの高校では図書館のコンピュータを、日本の柏の葉高校ではコンピュータ教室のコンピュータを使用して通信を行った。学校にあるコンピュータ教室のインターネット回線は、学校内のProxyサーバや県の教育用ネットワークを経由するため、つながるかどうか心配であったが、実に簡単につながった。画質や音質は使っているカメラやマイクの性能にも関係するが、事前に考えていたよりは良好だった。しかし、オーストラリアの高校のカメラの向きが逆光であったため、非常に相手側の顔が見にくい状況であった。つまり、テレビ会議装置を使う場合と同様に、カメラやマイクなどのセッティングは非常に大きな要因になるので、実際に使用する場合には事前に確認・注意する必要がある。

　なお、Polycom等の専用装置を使う場合であっても、トラブルの際のバックアップ用としてSkypeを使用することができるので、準備しておくのもよいであろう。

第3節　テレビ会議システムによる遠隔教育の今後

　テレビ会議システムなどを使って離れた場所で学ぶ「遠隔授業」について、文部科学省（2014）が導入を決め、少子化もあって教員の確保は全国的に課題になっている。外部人材から学ぶ機会を増やすなどの効果も期待されていることから、今後の活用の広がりに期待がもてる。

　とくに、高等学校の進学率上昇に伴い生徒の学習ニーズが多様化し、より一層多様かつ高度な教育を提供することが求められている。とうぜん、きめ細やかな対応を行うなかで生徒の学びを保障する必要が求められる。近年、情報教育が重視されるなか、テレビ会議システムを利用した遠隔授業は今後ますます注目されると考えられる。そこで重要になることは、大学と連携した遠隔授業に頼って飛びつくのではなく、当該学校における教育課程のどこに位置づけ、教育目標と照らし合わせて到達目標をどのように目指すのかを明確にし、教育効果を検証しながら、次年度以降に継続して教育活動の一環として行っていくことが重要になってくるであろう。同時に、大学側も高等学校だけでなく小学校・中学校を含む学校教育に、大学で研究された知見をニーズに合わせて提供していく体制を整えていく必要がある。

　このようななか、遠隔教育は高大連携だけでなく、小学校や中学校、特別支援学校といった学校教育に、そして、不登校や病弱などの生徒が一定数存在する中で、特別な学習ニーズに応じた対応として活用にしていくことも可能である。MOOCや反転授業などICTを活用したあらたな取組も国内外で進展していることから（文科省，2014）、これらをどのように効果で学校教育現場へ活用していくのかについては、今後の課題といえる。

（滑川　敬章）

【引用文献】

文部科学省（2014）．高等学校における遠隔教育の在り方に関する検討会議　報告骨子（案）
http://www.mext.go.jp/b_menu/shingi/chousa/shotou/104/shiryo/attach/1352626.htm

> コラム：インターネット遠隔授業による高等学校と大学との連携の広域化

　高校との円滑な接続を目指す高大連携の理念に基づき、情報教育の分野において双方の教育活動の充実と活性化を図ることを目的として、参加高校（公立高校4校、私立高校1校）に大学の講義を配信する事業が東京情報大学提携のもと開始された。この遠隔授業は、リアルタイム型遠隔授業で、参加者が同じ時間を共有しなければならない制約はあるが、授業内での質疑応答や意見交換などが可能である。しかし、実際に行われているリアルタイム型遠隔授業ではディスカッションのような双方向コミュニケーションが頻繁に発生する授業の実施や、講師が遠隔地の受講者の様子を把握しながら授業を実施することは難しいとされている。また高校における単位認定・取得については各高校が独自に行っている。受講する高校生の学年はとくに制限を設けず、高校により異なっている。このような遠隔授業を受けた生徒のふり返った感想を以下にまとめる。

・大学の授業は楽しい、高校と違う「専門的」なことを難しいのにわかりやすく説明してくれるので講義の時間があっという間だった（男）
・大学の印象やイメージが分かる機会となって、大学に行きたいなと思うようになった（男）
・授業がとても興味深くおもしろかったので、高校生用の内容にしないで大学で行っている講義自体をやってほしい（男）
・授業はとても楽しかった。知らないことをわかるこのような機会があるのであれば、もっと取り入れて欲しい（女子）
・大学の授業では知らないことばかりだったが、内容が濃く、専門性が高いのでとても楽しかった（女子）
・先生のお話の内容、そして構築されたシステムによりとてもインパクトがあり、参加意識が強くもてた（女子）

　本講座に対して参加した者は概ね肯定的な発言をしており、遠隔授業への積極的な参加の動機づけになっていたようである。1回限りの講座ではなく「連続した」講座として組まれていたことが生徒の関心興味を広げ、大学や大学の先生を知る機会となり、将来を考える重要な機会にもつながったようである。一方、他校の生徒との交流は、テレビ会議システムを通してのやりとりになるため、コミュニケーションの難しさが指摘されており、今後の課題になってくるといえる。

（原田　恵理子）

コラム：SNS等のトラブルに対応するソーシャルスキル教育

「怒りのコントロール」をターゲットスキルとした高校の総合学習の時間に行われたソーシャルスキル教育の授業の概要を以下に紹介する。授業のねらいは①普段の自分自身がもっている怒りという感情の存在に気付く、②自分の感情に気づき、コントロールをする大切さについて学ぶ、である。

まずは導入（インストラクション）で、ターゲットスキルを学ぶ意義や自分の感情への気づきをさせる。そこで「LINEなどSNSを利用している時に感じた怒りやイライラしたこと」を尋ね、自分自身の感情やその時の心身の状態をワークシートで生徒自身が確認する。つまりここでは、「怒り」を感じることはだれにでもあり、感じた時に心身の状態に怒りが表出されることを共有するのである。ようするに、「怒り」を感じることが悪いのではなく、その「怒り」という感情をどのようにコントロールすることができるかによって、その先の行動や対人関係が変わってくることを生徒に気づかせるのである。

次の展開では、SNS等のトラブル事例（怒りやイライラする例）における対応・返信のモデリングを見せ、客観的に考えさせる。そして感じた怒りをコントロールできないことの弊害やそれによって自分自身が傷つくことがあることに気づかせる。そして怒りの感情への対処として、①感情をコントロールすること、②相手に対する適切な表明をすることについて説明する。次に、感情のコントロール方法を紹介し、実践している方法があれば褒め、生徒が別の方法をしていればその方法を認めて生徒間で共有しあう。ここで、再度、SNS等の怒りを感じるトラブルの事例を取り上げ、怒りをどのようにコントロールし、その後、相手に対応・返信をするのかについて紙上ロールプレイを行って、その内容を小グループで発表し、感想や意見を伝えあう（リハーサル）。

最後のまとめ（終末）では、生徒に授業のふり返りをさせたあと、授業のポイントを確認する。そして、感情のコントロールは練習することが大事であることを強調し、日常生活で意識的に活かしていくことを促す（フィードバック）。

このように、学んだ知識をSNS等のコミュニケーションに活かすことを伝える以外に、対面上のコミュニケーションのなかでも使用できるスキルであることも伝えたい。それにより、さまざまな状況で再現され、経験として積み重ねていくことができ、生徒の行動レパートリーとして定着していくことができる。SNS上や対面上のコミュニケーションのどちらにおいても、「怒りのコントロール」は重要になってくるのである。

（原田　恵理子）

第Ⅲ部 情報社会への参画と活用

情報社会の現在、掲示板やメールなどのインターネット上の誹謗中傷やいじめ、出会い系サイトなどの違法・有害情報に起因する被害、子どもたちの携帯電話やスマートフォンへの依存等、情報化の影の部分への対応として、子どもたちが他人への影響を考えて行動することや、インターネット上の違法・有害情報等に適切に対応できるようにすることが重要とされている。そのため、学校における情報モラル教育の一層の充実が求められる。そこで、情報モラル教育のねらいはどこにあり、どのように指導したらよいかなど、教員が知っておくべき基本的な知識を解説し、情報モラル教育の具体的な内容と取組を紹介する。また情報教育が校内に定着していくためのICTの活用のポイントや工夫を説明し、情報社会への積極的な参画を行うことで、ICTの活用と環境の相互作用に効果を及ぼすことについて整理して紹介する。

情報モラル教育の必要性と教育方法

　情報社会の現在、日常生活のなかで情報機器の使用が欠かせなくなっている一方、情報モラルの重要性がより注目されている状況にある。子供たちも携帯電話やスマートフォン等を使用してSNS等を活用したコミュニケーションをするようになっているが、情報モラルの未熟さにより、不用意な発言や個人情報の発信、他者に対する誹謗中傷やいじめ、インターネット上の犯罪や違法・有害情報などの問題の発生は後を絶たない。これにより、予想しえない影響を周囲に与え、対面によるコミュニケーションでは考えることができないような誤解やトラブルを生じる可能性もあり、場合によっては当事者の将来にまで影響を及ぼしかねない事態につながることもある。そのため、「情報モラル」について指導・教育することは非常に重要で、必要なことである。

第1節　情報モラル教育の位置づけ

1.「情報モラル」という言葉

　情報モラルという言葉が用いられるようになったのは、「情報化社会において、人々が、情報内容、情報手段を含めて情報の在り方についての基本認識―『情報モラル』をもつことが必要である。」という臨時教育審議会の教育改革に関する第三次答申（昭和62年4月1日）が最初である。第四次答申（昭和62年8月7日）においては、「情報化社会においては、自己の発信する情報が他の人々や社会に及ぼす影響を十分に認識し、将来を見込んだ新しい倫理・道徳の確立、新しい常識の確立、情報価値の認識の向上など情報の在り方についての基本認識―『情報モラル』を確立する必要がある。」と表現され、「『情報モラル』は、交通道徳や自動車のブレーキに相当するものであり、これらが得られてはじめ

て安全で快適な高速走行が可能となるように、『情報モラル』の確立が、情報機能を最大限に発揮するための前提となる。」と述べられた。

現在では、この「情報モラル」は、「情報社会で適正に活動するための基となる考え方や態度」（小学校、中学校、高等学校及び特別支援学校の学習指導要領解説総則編及び道徳編）とされている（文部科学省，2010）。そして、その範囲は、「他者への影響を考え、人権、知的財産権など自他の権利を尊重し情報社会での行動に責任をもつこと」、「危険回避など情報を正しく安全に利用できること」、「コンピュータなどの情報機器の使用による健康とのかかわりを理解すること」など多岐にわたり、「情報社会に参画する態度」の重要な柱とされている。そのため、情報モラル教育は情報教育の一部として、「情報活用の実践力」や「情報の科学的な理解」との連携を図り、それら全体のバランスのなかで指導する必要が求められている。

2．体系的な情報モラル教育に向けて

平成9年10月、情報化の進展に対応した初等中等教育における情報教育の推進等に関する調査研究協力者会議において「体系的な情報教育の実施に向けて」と題して、これからの学校教育のあり方と情報教育の役割についてまとめられた。これにより、体系的な情報教育の実施に向けた「情報モラル教育」の位置づけがなされた。このなかで「これからの社会においては、様々な情報や情報手段に翻弄されることなく、情報化の進展に主体的に対応できる能力をすべての子供たちに育成することが重要である」とし、情報活用能力を①情報活用の実践力、②情報の科学的な理解、③情報社会に参画する態度の3点に焦点化するとともに、情報教育の目標として位置づけをした。とくに③については、「社会生活の中で情報や情報技術が果たしている役割や及ぼしている影響を理解し、情報モラルの必要性や情報に対する責任について考え、望ましい情報社会の創造に参画しようとする態度」と明言しており、情報教育の目標のなかに「情報モラル教育の必要性」が示された。これにより、情報モラルは「情報社会に参画する態度」のなかの重要な柱の項目となり、「教育の情報化に関する手引」（文

部科学省,2010)における情報モラル教育の基本的な考え方に引き継がれることになった。

　そして、平成14年6月、「新情報教育に関する手引」(文部科学省)の「第1章　情報化の進展と情報教育」のなかに「(前略)さらに情報教育において情報モラル等を扱うことによって育成する『情報社会に参画する態度』は、『豊かな人間性』の部分に密接に関係しており『生きる力』の育成の上でも、情報教育が非常に重要な役割を担っているということができる」と「生きる力」と情報教育との関連が示された。また、情報モラルの育成等と題したなかでは、「情報化の影の部分についての理解を深め、情報モラルの育成に努めることは情報教育の重要な内容である。とくに、情報の真偽に関わることや、著作権やプライバシーの問題などについては、具体的場面が発生した時に、見過ごすことなく繰り返し触れることが重要」とすべての教育活動のなかでくり返し指導することが必要であるとした。さらに、社会の一員として適正に活動していくためには、既存のルールやマナーを理解することに加えて、あらたな場面に対応して新しいルールやマナーのあり方などを考えていける力を養う必要があるとした。そのため、情報モラルは情報社会において、適正な活動を行うためのもとになる考え方と態度であり、日常生活上のモラルに加えて、コンピュータや情報通信ネットワークなどの情報技術の特性と、情報技術の利用によって文化的・社会的なコミュニケーションの範囲や深度などが変化する特性をふまえて、適正な活動を行うための考え方と態度の育成をすることと、コミュニケーションの重要性について強調されることになった。この流れを汲んだ「情報モラル指導モデルカリキュラム」(文部科学省,2007)は、情報モラル教育を体系的に推進するために情報モラルの指導内容を5分類で整理し、発達段階にあわせた指導目標を設定した(表9-1)。

　しかし、携帯電話やインターネット等の普及が進むなか、児童生徒のインターネットの掲示板や携帯電話のメールによるいじめなどが多発した。とくに、平成16年6月に起きた長崎における小学生の殺傷事件を機に、児童生徒の情報モラル意識の欠如が大きな社会問題となった。文部科学省の生徒指導上の諸問

題に関する調査においても「コンピュータや携帯電話等で誹謗・中傷や嫌なことをされる」という項目調査が平成18（2006）年から加わり、平成25年度の認知件数は小学校1,711件、中学校4,835件、高等学校2,176件と少なくはなく、いじめ全体のなかで示す割合は高等学校が19.7％と校種で一番多く、毎年増加を続けている。また、被害者、加害者が低年齢化している状況もある。

　このように児童生徒がインターネット上の有害状況に容易に接し、被害にあいやすい状況にあることに対して「子どもの携帯電話等におけるフィルタリングの普及促進に向けた啓発活動について」（平成20年3月）と「青少年が安全に安心してインターネットを利用できる環境の整備などに関する法律」（平成20年6月）で、国および地方公共団体が家庭における必要な施策を講じることやインターネットの適切な利用に関する広報啓発活動を行うよう明示され、子供の携帯電話等におけるフィルタリングの重要性が提言された。さらには、被害にあうだけではなく、子どもたち自身がトラブルを生じるケースも増加していることから、学校教育における情報モラル教育の取組についてはますます注目されるようになっていった。平成20年7月、文部科学省から通達された「児童生徒が利用する携帯電話等をめぐる問題への取組の徹底について」のなかでは、学校で情報モラル教育の取組を行うことが提唱され、「教育振興基本計画」（平成20年7月閣議決定）のなかでは地域・学校・家庭における情報モラル教育が推進されている。また、平成21年4月の「青少年が安全に安心してインターネットを利用できる環境の整備等に関する法律」では、携帯電話の持ち込みや使用禁止を行うだけではなく他人への影響を考えて行動することや有害情報への対応などを教えることが重要であるとされている。その後の平成22年には、学習指導要領に対応した「教育の情報化に関する手引」が作成され、平成26年8月に文部科学省は、子供たちのスマートフォンなどの利用による生活習慣の乱れやネット依存、SNS等の利用に伴うトラブル等の課題に対する対応策としてスマートフォンの利用について家族で考えることを提案する「子供のための情報モラル育成プロジェクト～考えよう家族みんなでスマホのルール～」を立ち上げ、子供たちの情報モラルを育成する取組を推進している。

以上からもわかるように、学校教育における情報モラル教育の充実は必要不可欠となっており、家庭や地域社会と連携をとりながら情報社会に生きる子どもたちに対して積極的に介入していくことが求められるようになっているのである。

3．コミュニケーション能力の重要性

　体系的な情報モラル教育を整理すると、「日常生活におけるモラル（日常モラル）の育成」と情報モラルは重複する部分が多いことがわかる。そのなかでとくに注目したいのが子どもたちのコミュニケーション力である。

　近年では、メディア環境の変化から、子供たちのスマートフォン等の長時間の使用による乱れた生活習慣、利用による依存、SNS等の利用に伴うトラブルやいじめ、不適切な利用による犯罪被害、個人情報に関わる問題などにつながるケースが増加している。ネットワーク上のコミュニケーションに傾倒し、対面の対人関係のコミュニケーションが苦手で不得意という生徒も少なくない。ネットワーク上の場合は参加者が匿名という場合もあり、誹謗中傷の言葉や表現が引き出されやすく、トラブルに巻き込まれたり、引き起こしてしまうといったこともある。

　ここで重要なことは、対面とネットワーク上のコミュニケーションの表現の仕方は異なっても、他者の立場に立って思いやりのある行動をとることが大事だという点は同じであるということにある。これについては、日常の生活で普段から相手を思いやることができる人はネットワーク上でも同じ行動をする（大貫・鈴木，2007）ことを明らかにしている。ゆえに、日常のコミュニケーションから児童生徒が自身で判断して行動できる力を支援することが重要だと示唆されているといえよう。つまり、情報モラルで指導する「自分の情報や他人の情報を大切にする」「相手への影響を考えて行動する」「自他の個人情報を、第三者にもらさない」などは、道徳で指導する「人にあたたかい心で接し親切にする」「友だちと仲よくし助けあう」「ほかの人とのかかわり方を大切にする」「他人を大切にする」などが基盤になっていると考えられる。

情報モラルにおける重要な柱である「情報社会に参画する態度」が最終的に目指すところは、情報社会に積極的に参加し、よりよい社会にするために貢献しようとする意欲的な態度である「望ましい社会の創造に参画しようとする態度」である。このことを鑑みると、情報化の「影」の部分を理解することだけが教育のねらいとなっていないということを理解する必要がある。ようするに、情報社会やネットワークの特性の一側面としての影の部分を理解した上で、今後も変化し続けていく情報ツールを、よりよいコミュニケーションや対人関係づくりのためにどれだけ上手に、そして適切に使っていくことができるのか、そのための判断力、心構えや態度、思いやり等を子どもたちに身につけさせていくことが重要になってくるのである。

第2節　児童生徒に身につけたい情報モラル

　即座に出会うかもしれない危険を上手に避ける知恵や方法を授けることはもちろん重要であるが、成長過程のなかで、情報社会の特性やネットワークの特性の理解を進め、自分自身で的確な判断力を育成する視点も重要であろう。そのためには、長期的な成長の流れのなかで、自分を律して適切に行動できる正しい判断力と相手を思いやる豊かな心情、さらには積極的にネットワークをよりよくしようとする公共心を育てるといった「情報社会における正しい判断や望ましい態度」と、判断力や心構え・態度といった「情報社会で安全に生活するための危険回避の方法の理解やセキュリティの知識・技術、健康への意識」を身につけさせる教育を、子供たちの発達段階を念頭に置いて指導・教育する必要がある。

　これについては、「情報モラル指導モデルカリキュラム」（文部科学省，2007）で、情報モラル教育を「情報社会の倫理」「法の理解と遵守」「安全への知恵」「情報セキュリティ」「公共的なネットワーク社会の構築」の5分類とし、小学校低・中・高学年、中学校、高等学校の5つの発達段階に応じた指導目標が示されている（表9-1）。

表9-1

情報モデル指導モデルカリキュラム表
〈大目標・中目標レベル〉

この表は、情報モデルの指導モデルカリキュラムとして内容をレベル別に示したものです。このモデルカリキュラムの目標は、学校教育全体の中で段階的に達成していくことが望まれ、モデルカリキュラムを参考にして、それぞれの学校での実施では、地域の実情に合わせ、情報モデルのカリキュラムを組み立てて、実践してください。各目標の詳細は、Webページをご覧ください。http://www.japet.or.jp/moral-guidebook/

分類	L1：小学校1〜2年	L2：小学校3〜4年	L3：小学校5〜6年	L4：中学校	L5：高等学校
1. 情報社会の倫理 a	a1-3：発信する情報や情報社会でのルールに責任を持つ	a2-1：相手への影響を考えて行動する	a3-1：他人や社会への影響を考えて行動する	a4-5：情報社会への参画において、責任ある態度で臨む	a5-5：情報社会において、責任ある態度と行動を果たす
b	b1-1：約束や決まりを守る	b2-1：自分や他者の権利を大切にする	b3-1：情報にも、自他の権利があることを知り、尊重する	b4-1：個人の情報（人格権、肖像権など）を理解し、尊重する	b5-1：個人の情報（人格権、肖像権など）を理解し、尊重する
	b1-1：人のものを大切にする	b2-2：自分のものと他人の情報の取り扱いに気をつける		b4-2：著作権などの知的財産権を理解し、尊重する	b5-2：著作権などの知的財産権を理解し、尊重する
2. 法の理解と遵守 c	c2-3：情報社会でのルール・マナーを理解できる	c2-3：情報社会での情報の取り扱うルールやマナーを知り、守る	c3-1：社会は互いのルール・マナーを守ることによって成り立っていることを知る	c4-1：情報に関する法律の内容を知り、遵守する	c5-1：情報に関する法律の内容を構成し、遵守する
			c3-2：法律に違反した行為は罰せられることを知り、絶対に行わない	c4-2：情報社会の活動に取り入る法律を理解し、適切に行動する	c5-2：情報社会の活動に取り入る法律を理解し、適切に行動する
			c3-3：「ルールやマナーを守る」ということの社会的な意味を知り、自律的に行動する	c4-3：契約の基本的な考え方を知る	c5-3：契約の内容を正確に把握し、適切に行動する
3. 安全への知恵 d	d1-3：情報社会の危険から身を守るとともに、不適切な情報に対応できる	d2-1：危険に出合ったときには、大人に連絡する	d3-1：予測される危険の内容がわかり、安全に活用できる	d4-5：危険を予測し、被害を予防するとともに、安全に活用する	d5-5：安全性の高い扱い方を知り、行動する
	d1-1：大人と一緒に利用し、危険に近づかない	d2-1：不適切な情報に出合ったときは、大人に知らせる	d3-1：不適切な情報であるとわかったときは、主体的に対処する	d4-1：安全性の確認方法を知る	d5-1：トラブルに遭遇したとき、原因を理解し、様々な方法で解決できる技術を身につける
e	e1-3：不適切な情報に出合わない環境で利用する	e2-1：不適切な情報に出合ったときは、大人に連絡し、適切に対応する	e3-1：不適切な情報を判断し、対処する方法を知る	e4-1：情報の信憑性を知り、適切に対応できる	e5-1：情報の信憑性を判断し、適切に対応できる
		e2-2：個人の情報は、他人にもらさない	e3-1：自分の個人情報を、第三者にもらさない	e4-2：自他の情報の安全な取り扱いに関して、正しい知識を持って行動する	e5-2：自他の情報の安全な取り扱いに関して、正しい知識を持って行動する
f	f1-3：安全・健康を害する行動を抑制できる	f2-1：健康のため利用時間を決めて守る	f3-1：健康を害するような行動を自制する	f4-1：健康面に配慮した、情報メディアとの関わり方を意識し、行動する	f5-1：健康面に配慮した、情報メディアとの関わり方を意識し、行動できる
			f3-1：人の安全を脅かす行為を行わない		
4. 情報セキュリティ g	g2-3：生活の中で必要な情報セキュリティの基本を知る	g2-1：認証の重要性を理解し、正しく利用できる	g3-1：情報セキュリティに関する基礎的な知識を身につける	g4-5：情報セキュリティに関する基本的な知識を身につける	g5-5：情報セキュリティに関する基本的な知識を身につけ、適切に行動できる
			g3-1：不正使用やアクセスされないように利用する	g4-1：情報セキュリティの確保のために、対策・対応がとれる	g5-1：情報セキュリティの確保のために、対策・対応がとれる
h			h3-1：情報セキュリティの確保のため、基本的な対策を実施できる	h4-1：基礎的なセキュリティ対策が立てられる	h5-1：情報セキュリティに関し、事前対策・緊急対応・事後対策が立てられる
5. 公共的なネットワーク社会の構築 i	i2-3：情報社会の一員として、公共的な意識を持つ	i2-1：みんなで使う情報機器を、大切に使う	i3-1：ネットワークは共有のものであるという意識を持って行動する	i4-5：情報社会の一員として、公共的な意識を持つ	i5-5：ネットワークの公共性を維持するために、主体的に行動する
				i4-1：ネットワークの公共性を意識して行動する	

*コードについて（例、a1-1）
〔1桁目の文字〕
a〜i：大目標項目

〔2桁目の数字〕
校種・学年　1〜L5
L1：（小学校低学年　1〜2年生）
L2：（小学校中学年　3〜4年生）
L3：（小学校高学年　5〜6年生）
L4：（中学校）
L5：（高等学校）

〔3桁目の数字（ハイフンの後の数字）〕
大目標の中の連番
大目標項目内の連番

たとえばコードa1-1は次の通りです
大目標項目 a（情報社会の倫理）
中目標項目 a1（小学校1〜2年生）の1番目

・「情報モデル指導モデルカリキュラム表」は、文部科学省委託事業「情報モラル等指導サポート事業」において作成されたものです。

112　第Ⅲ部　情報社会への参画と活用

また、平成20～21年の学習指導要領の改訂に対応して文部科学省が作成した「教育の情報化に関する手引」のなかの「第5章　学校における情報モラル教育と家庭地域との連携」でも、発達段階に応じた情報モラル教育の必要性や具体的な指導について解説されている。

1．情報社会における正しい判断や望ましい態度を育てること

　「情報社会の倫理」と「法の理解と遵守」については、日常生活におけるモラルの指導の延長線上にあるとされており、主に「他者への影響を考え、人権、知的財産権など自他の権利を尊重し情報社会での行動に責任をもつこと」（小学校、中学校、高等学校及び特別支援学校の学習指導要領解説　総則編）に対応している。情報発信に対する責任や情報を扱う上での義務、さらには情報社会への貢献や創造的なネットワークへの参画などの領域は、情報社会での規範意識を高めるために心の教育が必要である。

　小学校低学年では、日常生活におけるモラルの指導を優先とする。「小学校学習指導要領解説　道徳編」（文部科学省，2008）の内容16項目のなかに、基本的な生活習慣の重視、身近にいる人に温かい心で接し親切にする、公徳心をもって法やきまりを守り自他の権利を大切にし、進んで義務を果たす等、ネットワーク上のコミュニケーションでも大切になってくることが明記されている。ICT活用が増えてくる中学年からは、情報機器の活用にあわせて情報社会の特性やそのなかでの情報モラルについて徐々にふれていく過程で、相手の気持ちが理解できる年齢になってくるこの時期であることからも、日常生活で相手の立場に立って思いやりのある行動をとることとネットワークでのコミュニケーションでも相手を思いやる気持ちの大切さは同じであることを教えていくことが重要になろう。また、高学年や中学校・高等学校では、決まりや約束を守る態度も大切だということに加えて、ネットワーク社会におけるルールとして写真・音楽・映像などの著作権の尊重や個人情報の保護、肖像権、パブリシティ権などを学び、これらのルールを守る態度も育てていかなければならない。同時に、自他の権利を尊重することについて自分の身のまわりの課題を中心に、

みずから考えることを通して理解させ、これを経て、情報社会へ参画する場合の責任や義務、態度に関する内容へと発展するような指導内容を洗練させていくことが求められる。この場合、情報社会もルールや法律によって成り立っていることを知り、情報に関する法律の内容を理解した上でそれらを遵守する態度を養うことが必要であるとされるが、さらには、ネット社会をよりよいものにしていこうとする態度も大切にし、ネットワークからの恩恵を受け取るだけでなく、積極的に情報発信をしたり、ネットワークに貢献したりする態度が、よりよいネットワークを構築する上で大切であることを身につけさせることが大切である。

　このように自分を律し適切に行動できる正しい判断力と、相手を思いやる豊かな心情、さらに積極的にネットワークをよりよくしようとする公共心を育てることが、発達段階にあわせた予防・発達促進的な教育につながる。

2．情報社会で安全に生活するための危険回避の方法の理解やセキュリティの知識・技術、健康への意識を育てること

　情報がどんどん進展し、生活がより便利になるほど、子供たちが危険に遭遇する機会も増大していく。それを防ぐためには、情報社会で安全に生活するための知識や態度を学ばせる必要がある。そこで重要になるのが、安全教育に関わる「安全への知恵」と「情報セキュリティ」である。これは主に「危険回避など情報を正しく安全に利用できること」、「コンピュータなどの情報機器の使用による健康とのかかわりを理解すること」（小学校、中学校、高等学校及び特別支援学校の学習指導要領解説総則編）に対応している。

　小学校の段階では、「情報社会の危険から身を守るとともに不適切な情報に対処できる」や「安全や健康を害するような行動を抑制できる」「危険を予測し被害を予防するとともに、安全に活用する」などが具体的な目標になっている。近年では、小学校の段階からパソコンや携帯電話スマートフォンを所持しネット利用ができる環境にある子供が増えている。フィルタリングはもちろんだが、学校だけではなく家庭との協力のもと、パスワード設定や掲示板サイト

やLINE等のSNSサイトへの書き込み、ワンクリック詐欺といったことに対し、身を守るための教育を進めていく必要がある。中学校・高等学校の段階では、「情報セキュリティに関する基礎的・基本的な知識」を身につけ、「情報セキュリティの確保のために、対策・対応がとれる」ようにコンピュータウイルス、スパイウエア、キーロガ、無線LANに対する教育などが求められている。さらには、健康への意識を生活習慣の面とかさねあわせ、ネットワークの使いすぎによる健康被害やネット依存など安全で健康な生活に対して悪影響を受けないように、心身の健康に向けた自己コントロールのための適切な指導・教育が求められる。これらの健全な心身、社会のルールの理解、安全に活用する知恵の育成を前提として「公共的なネットワーク社会の構築」へ積極的に参画する態度を育成することが重要になってくる。

第3節　学習指導要領改訂における「情報モラル教育」

2009年の学習指導要領の改訂のポイントの一つに「情報モラル教育」が盛り込まれ、情報教育やコンピュータの活用は、「各教科等の指導」で行うことが明記された。これはつまり、コンピュータの使い方を覚えたり、「総合的な学習の時間」の調べ学習で使ったりするというのではなく、日々の各教科の授業においても、教員による一方向的な講義形式の教育とは異なり、児童生徒の能動的な学習への参加を取り入れた教授・学習法に変換することが求められているといえる。児童生徒が能動的に学習することによって、認知的、倫理的、社会的能力、知識、経験を含めた汎用的能力の育成を図ることができ、発見学習、問題解決学習、体験学習、調査学習等といった学習の展開や教室内でのグループ・ディスカッション、ディベート、グループ・ワーク等にも有効な「アクティブ・ラーニング」へと転換していくことが可能となる。このような学習のなかで、基本的な操作とともに「情報モラル」を身につけることとし、とりわけ小学校・中学校においては「道徳」の時間、高等学校においては「情報」の時間において情報モラルの教育の充実が重視されている。

これに関連して、個人情報保護の意識は他者理解の力の高い人は情報モラルが高く、著作権保護や不正コピー禁止の意識は自尊感情が低くなる傾向が示唆された研究がある（坂東・市原・森山，2014）。道徳において重視されている自尊感情や他者理解の力を獲得する段階の子供たちにとって、情報モラル教育を行う時、学習者である子供たちの自尊感情や他者理解力の状態を見極め、個人内の特性に応じた指導を展開する重要性も考慮する必要があるかもしれない。

第4節　情報モラル教育の具体的な内容と取組

1．情報モラル教育における児童生徒の主体的活動
────みずから考える活動

　くり返しになるが、情報モラル教育で重要なことは、情報社会やネットワークの特性とその危険を知ることに加えて、ネットワークを通じて他人や社会とよりよい関係を築くことができるよう、自分自身で適切に活用するための的確な判断力を身につけさせることである。情報モラルの指導においては、各教科等における指導のタイミングを学級や児童生徒等の実態や発達段階にあわせて設定し、くり返し指導することが大切である。同時に、児童生徒が主体的に参画できる「情報モラルの重要性を実感できる授業」の実践が重要になる。学習指導要領解説総則編においては、情報モラルの指導に向けた具体的な学習活動として、とくに、教員が一方的に知識や対処法を教えるのではなく児童生徒がみずから考える活動をすることが重視されている。

2．情報モラル教育へのあらたな取組

　情報モラル教育は、知識として学ぶだけでなく実際の行動に結びつくためには、みずからが考え判断し、行動することが大切である。日常的な学習のなかで、くり返して確実に身につけることが求められるため、家庭の協力が必要なことはいうまでもない。とりわけ、今日的な課題として取り上げられているLINE等のSNSでのトラブルやいじめ等は、自己肯定感や自尊感情の獲得、他

者への思いやりを育み、自他の生命を尊重し、規範意識や責任感を高め、豊かな人間関係を築くことを目標とする「道徳」と重なる部分が多いことからも、学校教育活動全体を通して、学ばせる視点が重要になってくる。

　そこで、注目に値するのが、小中学校の道徳の教科化という2014年に文部科学省が公表した大きな流れである。このなかでは、教材を読むことを中心とした従来のスタイルから脱却し、問題解決や体験学習の手法があらたに提示されている。これにより、児童生徒が特定の見方に偏らず、多面的に考えられるようになることを目指すことが明確にされ、まさに「児童生徒自らが考え、理解し、主体的に学習に取り組む」ことが強調されたのである。問題解決型の学習や体験学習などの手法を活用し、「社会的課題を自ら解決しようとする意欲や態度を育てる」ことにほかならないこの手法は、子供たちの心理的・発達的視点をとらえておくことも大切にしたい。そこで、実際に行われた授業の概略を紹介する。

（1）「スマホ18の約束～はじめてiPhoneを持つ息子へ」を活用した授業

　インターネットや携帯電話が生まれた時からある今の子供たちゆえに「子供をインターネットの脅威から守りたい」と思うのは世界共通のことである。これはアメリカのある家庭で、13歳の息子にiPhoneをプレゼントするにあたり、母親が18項目の約束をあげた契約書を作成したものである。iPhoneを購入し渡す時や利用している最中に、ルールやマナーを確認しあうことはとても重要で、遅いことはない。そこで、クラスの大半が携帯電話かスマートフォンを持ち、LINEのトラブルが生じていた中学校1年生を対象に、3回の授業を行った実践を紹介する。1回目ではLINEトラブルの実態を確認してから、契約書を学級全体で読み、内容を教師が解説した。そして使用するにあたって自分自身で契約書を作成させた。その作成させた契約書は、「家族と話しあって修正加除し、以降1週間の実行」を目標に実行の有無のチェックを毎日させることを宿題とした。1週間後の2回目の授業で、班や学級でそのふり返りを発表し、3回目では学級の友だちとの使用契約書として「学級の決まり（約束事）」を話しあいさせ、学級の仲間が互いに心地よいコミュニケーションをするためのネ

ット上のコミュニケーションのあり方を確認させた。

> 1．これはママのスマートフォンです。ママが買ってあなたに貸しているのです。だからママの言うことをよく聞きなさいね。
> 2．パスワードは必ずママに教えてね。
> 3．電話が鳴ったら必ず出ること。画面に「ママ」や「パパ」と出ても、絶対に無視しないで、きちんと「ハロー」と応えてね。
> 4．電源を入れるのは朝7時半からです。夜は学校がある日は7時半に、週末は9時になったら、電源を切って電話を（ママに）返してね。
> 5．学校に持っていくのは禁止です。友だちとは面と向かって会話をしてね。
> 6．トイレや地面に落として壊したり、電話を失くしてしまったら、責任を持って自分のお金で修理・弁償すること。家の芝生を刈ったり、ベビーシッターをしたり、お年玉でカバーしてください。こういうことは必ず起こります、準備しておいたほうがいいでしょう。

（一部抜粋にて掲載）

（2）総合的な学習の時間・特別活動をつなぐ道徳の授業で行った包括的なソーシャルスキルトレーニング

　千葉県公立高等学校では1年生を対象に道徳の授業（総合的な学習の時間、特別活動の時間から道徳の時間にしてよい）が行われている。ある高校では1年生を対象に毎年、円滑な対人関係の構築とLINE等のトラブルの予防を目的にLINEトラブルへの対応のスキルを含む自尊心を育むソーシャルスキルトレーニング（原田, 2013）を5回実施している。年間計画を組み立てる際、総合的な学習の時間、特別活動、道徳、各教科を包括し、ソーシャルスキルと相手の気持ちを思いやることを重視した。1学期は、対人関係が学校生活や卒業後の就職等に影響することを重視したキャリア教育の視点からの内容を取り上げ、2学期は相手を思いやる視点から対人関係をとらえる内容とSSTの実施、3学期はいじめを考える授業が展開された。同時に、情報の授業で情報リテラシーを学ばせ、SSTにおけるネットいじめと並行で学ばせた。実際に行われた内容は、1）ソーシャルスキルとは（ガイダンス）、2）考えと気持ちを伝えるⅠ（コミュニケーションとは）、3）コミュニケーションⅡ（聴く）、4）怒りの感情のコントロ

ール、5）あたたかい言葉かけ（相手を思いやる）であった。とくにこの5回目をLINEやネットのトラブルの内容にしてコミュニケーションのあり方を取り上げた。SSTで行われるロールプレイは、役割体験を通して相手の気持ちに気づく経験を得て、日常生活とネット上のコミュニケーションで重要となる「相手を思いやる」ことを日常生活に活かすことを意識して行動することにつながっている。

　上記2つの内容は、紹介した対象の校種に限定せず、発達段階および集団や個人にあわせて援用できる。また、（1）については、保護者と子どもが家庭のルールを決めるために活用したり、保護者自身が情報モラルについて学ぶための材料にもなる。（2）については、対面上とネットワーク上のコミュニケーションについて両方の視点から教育できる。このように充実した情報モラル教育の実践を行うためには、教員の研修や事例検討、授業後の事後評価と指導案の修正といったことが欠かせないことからも、校内の研修体制の充実と保障が期待される。

（原田　恵理子）

【引 用 文 献】

坂東哲也・市原靖士・森山潤　2014　自他の権利尊重に関する情報モラルに影響する個人内
　　　特性の検討：自尊感情及び他者理解力に焦点を当てて　教育情報研究, 30（1）, 19-26.
第一学習社編　2012　ケーススタディver.6情報モラル　第一学習社
原田恵理子　2013　高校生のためのソーシャルスキル教育　ナカニシヤ出版
原田恵理子・渡辺弥生　2014　高校における総合的な学習の時間・特別活動をつなぐ包括的
　　　SST　日本教育心理学会大会論文集, 270.
文部科学省　2002　新「情報教育に関する手引」
　　　http://www.mext.go.jp/a_menu/shotou/zyouhou/020706.htm
文部科学省　2007　情報モラル指導モデルカリキュラム
　　　http://www.mext.go.jp/component/a_menu/education/detail/__icsFiles/afield-file/2010/09/07/1296869.pdf
文部科学省　2010　教育の情報科に関する手引き

http://www.mext.go.jp/component/a_menu/education/detail/__icsFiles/afieldfile/2010/12/13/1259416_10.pdf
文部科学省　2014　平成25年度「児童生徒の問題行動等生徒指導上の諸問題に関する調査」等　結果について
文部科学省　2008　小学校学習指導要領解説　道徳編
文部科学省　2008　中学校学習指導要領解説　道徳編
文部科学省　2014　「子供のための情報モラル育成プロジェクト」～考えよう　家族みんなで　スマホのルール～　http://www.mext.go.jp/a_menu/shotou/jouhoumoral/
大貫和則・鈴木佳苗（2007）．高校生のケータイメール利用時に重視される社会的スキル　日本教育工学会文誌，**31**, 189-192.
渡辺弥生・小林朋子　2009　10代を育てるためのソーシャルスキル教育　北樹出版

【参　考　資　料】

文部科学省　「『ネット上のいじめ』に関する対応マニュアル・事例集」（学校・教員向け）
　　http://www.mext.go.jp/b_menu/houdou/20/11/08111701/001.pdf
やってみよう情報モラル教育　情報モラル実践事例集
　　http://kayoo.org/moral-guidebook/jirei/index.html

> **コラム：海外における ICT を利用した心理教育事例**

　教育現場における ICT 利用は学習の効率化だけではなく心理教育・予防教育においても諸外国で活用されている。いじめ予防に国レベルで取り組んでいるフィンランドでは KiVa という教育プログラムがある。これは2006年に開発された包括的なカリキュラムで、学校全体で取り組む指導案が用意されている。プログラムには、小学生向けには KiVa games というコンピュータゲーム、中学生向けには KiVa street というバーチャルな学習環境が提供されておりコンテンツは教室での指導内容とリンクしている（Salmivalli & Pöyhönen, 2012）。このように子供たちが慣れ親しんでいるコンピュータゲームやオンラインゲームを教育に組み入れる方法は先進国の多くで見られる。

　オーストラリアもインターネットの安全利用に関する教育プログラムが充実している。Bullying. No way!（www.bullyingnoway.com.au）というサイトは、子供たちにいじめに関する基礎知識を教えることを目的として2002年にスタートした。サイト内では発達段階に応じて異なったコンテンツが用意されている。またサイト内で閲覧できるアニメ動画は YouTube からも閲覧可能でスマートフォン向けアプリも開発されている（アプリ名：Take a stand together）。13歳以下向けのコンテンツではいじめに関するそれぞれの状況にどうするべきか詳しく記載されている。またインタラクティブなゲームも提供されており、さまざまないじめ場面に対してとるアクションを選択することによってストーリーのエンディングが異なる。8歳以下向けのコンテンツでは、エイリアンのアレンというアニメキャラクターがお友だちとうまくやれない様子がさまざまな状況下で描かれている。動画のなかは子供たちの感情理解に関するクイズやリラクゼーションの実践方法も盛り込まれており家庭で家族と一緒に楽しめる内容である。

　従来のプログラムはリーフレットや DVD 教材が学校に配付されていたが YouTube やスマートフォンアプリを使用することはコスト削減だけでなく、コンテンツ修正も迅速かつ容易にするため今後各国でさらに利用が増えるであろう。

　イギリスでは、バーチャル上でのピアサポートを提供するプラットフォームを構築し若者を学校またはオンライン上でトレーニングしている（www.cybermentors.org.uk）。研修後にサイバーメンターとなった若者たちは別の若者の悩みや相談にのり、必要に応じてカウンセラーなどにアドバイスを求めることもできる。プログラムの効果検証研究においてもポジティブな結果が示されている（Slonje, Smith, & Frisen, 2013）。このようにリソースの少ない学校や地域の若者もピアサポートを利用できるようになったのはまさに ICT 活用によるものが大きい。今後日本の取組のなかでも大いに参考にできるであろう。

（青山　郁子）

【参 考 文 献】

Salmivalli, C. & Pöyhönen, V.（2012）. Cyberbullying in Finland, in Cyberbullying in the Global Playground: Research from International Perspectives（eds Q. Li, D. Cross & P. K. Smith）, Wiley-Blackwell, Oxford, UK.

Slonje, R., Smith, P. K., & Frisén, A.（2013）. The nature of cyberbullying, and strategies for prevention. *Computers in Human Behavior*, **29**（1）, 26-32.

10 教育における ICT 活用に向けて

第1節　ICT 活用に取り組むステップ

1．教育の情報化

学習指導要領に記述された内容を整理した「教育の情報化に関する手引き」(http://www.mext.go.jp/a_menu/shotou/zyouhou/1259413.htm) によれば、大きく3つの分野（章としては、4つの章）にわたっている。

（1）教科指導における ICT 活用

教科指導のなかで実物投影機などの ICT を活用することで、学習指導の効果を高めようとするもので、教師が活用する場面と、児童生徒が活用する場面とがある。教科指導での ICT 活用は学力の向上の視点から、取り組まれ、学力学習状況調査の結果などからも、ICT 活用により学力が向上する場面が確認されている。

従来はコンピュータ室での指導を中心にしていたが、しだいに普通教室での ICT 活用が中心になり、文部科学省の示す整備計画では活用場所にとらわれない ICT 端末の整備も進められようとしており、タブレット端末の導入が進み始めている。

（2）情報教育（情報モラル教育）

情報社会のなかで生きていくために必要な、情報活用能力として
①情報活用の実践力：情報手段の適切な活用、情報の扱い
②情報の科学的な理解：情報手段の特性の理解
③情報社会に参画する態度：社会生活で情報が果たす役割、情報モラル
の3つの観点をバランスよく育てようとするものである。

情報モラルについては

①モラルの側面：情報倫理、法の理解と遵守
　②安全の側面：安全への知恵、情報セキュリティ
の2つの側面とそれらをふまえて公共的なネットワーク社会の構築を通じて、「情報社会を生きぬき、健全に発展させていく上ですべての国民が身につけておくべき考え方や態度」を学ぶとされ、学習指導要領には、各教科や道徳、総合的な学習の時間に位置づけられている。

　指導要領では、ICT機器の基本的な操作技能は小学校段階で指導し、中学校からはその上に情報そのものの活用を学ぶことが求められている。しかし、小学校では情報を取り上げる時間はとくに設定されていないため、学校での取組には差が大きいのが現状である。すべての教育活動のなかで、情報活用能力を育てる視点をもつことが必要である。

（3）校務の情報化
　校務情報を効率的・安全に扱い、教員の負担を軽減するとともに、情報セキュリティの確保と教育活動の質を改善するものである。多くの自治体で校務支援システムが導入されるようになり、教師用のコンピュータの整備も進んできている。しかし、手書きをデジタル化することととらえられがちだが、校務情報の扱いそのものを考える必要がある。

2．どこから取り組むか

　3つの領域は、いずれも教育の情報化を進めるためには欠かすことはできない。それぞれの地域で進んできている状況によってきっかけは異なるが、計画的にバランスよく進めていくことが重要である。どこからどう進めるかの判断をする組織を作ることが体制づくりである。

　その意味で、まずはじめに、「教育の情報化に取り組む体制」を整え、その体制の下に「ICT環境の整備」を進め、平行して「ICT活用の研修」を行っていく必要がある。その際、教員の仕事になじむには時間がかかるものと考える必要がある。環境が整えばできるというものではなく、環境の整備や研修のなかで、段階的に成果を上げていく見通しをもって取り組んでいきたい。

第2節 教育の情報化に取り組む体制づくり

1．教育 CIO・学校 CIO の位置づけと CIO 補佐官

　学校設置者（教育長等）が教育の情報化への取り組みの最終的な意思決定をする教育 CIO、学校内においては学校長がその意思決定をすることで学校 CIO として位置づけられる。教育の情報化への取り組みが進むかどうかは、CIO の意思決定によるところが大きい。そのため、「学校における ICT 活用のための管理職研修プログラム」（http://jslict.org/）などが用意されている。

　しかし、すべての管理職が専門性をもつことは難しいので、それぞれの組織における担当者が CIO 補佐官として、最新の状況や国の施策等を把握し、CIO の判断や意思決定を補助する存在になることが重要になる。

2．外部組織等の活用

　CIO 補佐官のほかにも多くの声を集める必要があり、教育の情報化について検討する委員会などの組織を作ることが望ましい。構成員としては、状況に応じるが、ユーザからの意見を広く集めることが必要である。その意味では担当者だけではなく、さまざまな立場の構成員がいることが望ましい。

　また、地域に研究機関や大学があれば、民間からの専門家の参加も考えられる。身近な専門家の参加が得られない場合は、「日本教育情報化振興会」（http://www.japet.or.jp/）のような団体から提供される資料等を有効に活用したい。

3．客観的な判断

　自組織の取組の状況が、どのような段階にあり、この後の方向性をどう進めるかを判断するためには、客観的な資料が必要になる。そのためには、毎年文部科学省で行っている学校における教育の情報化の実態等に関する調査のデータを活用すると良い。公表されるデータは、都道府県や市町村などいろいろなものがあるので、自組織の結果と照らしあわせることで、客観的な判断としていくことができる。

また、「学校情報化診断」(http://www.check-ict.jp/)の活用も、自組織の変化をとらえ、課題を認識するために、効果的である。バランスよく教育の情報化に取り組み、必要なレベルに達すると優良校と認定されるものでもあるので、指針としていくことができる。

第3節　ICT環境の整備

1．ICT環境で大切にしたいこと

　教育におけるICT活用では、児童生徒が同時に、限られた時間のなかで使うという学校ならではの特徴に合わせた整備が欠かせない。準備に時間がかかりすぎたり、難しくて低学年の児童が使えなかったり、高学年の学習内容に耐えられなかったり、不安定で信頼性に欠けたりするものでは、日常の授業のなかで活用することは難しい。そのためには、十分な検討を経て試行を重ねて構築していくことが望まれる。

　また、先に述べたように、教師がなじむということを考えると、いきなりすべてを満たす必要はなく、段階的な整備が考えられる。ICTを活用することで、教育のあり方を変えるべきという意見もあるが、全国91万人の小中高等学校の教職員すべてが取り組むことを考えると、今の授業にどう溶け込ませていくかという視点が必要になる。「これまでも、授業のなかでやりたいのにできなかったことをできるようにする。」ということからの取り組みが第一歩になる。

2．段階的整備

　指導形態として、日本の学校では一斉・個別・グループなどさまざまな形態がとられている。そのなかで、今多くの学校で取り組まれているのは、まず一斉の指導を短時間で効果的に進めるためにICTを活用し、個別やグループでの活動時間を確保するということがある。これまでにも、説明するために大きく印刷したり、大きな教具で説明したりすることが行われていたものを、実物投影機やプロジェクター、大型テレビを使うことで、容易にする取り組みであ

る。教室に実物投影機とプロジェクターや大型テレビがいつでも使えるように設置されると利用頻度が格段に伸び、説明や指示にかける時間を大きく短縮することができる。ここでは、教育活動としては、何を見せるのか、どの部分を見せるのか、そして、どのような発話と組み合わせるのかという指導技術とのつながりが重要になり、授業そのものの改善にもつながる。

　大きく見せて説明することになじんだところに、デジタル教科書が入ってくると、操作は異なっても授業のなかでの活用という視点では同じなので、抵抗なく利用する姿が、今多くの学校で見られている。さらに、電子黒板が入ると、操作は異なっても何を見せるか、どこを見せるか、そしてどのような発話と組み合わせるかという指導の本質はまったく変わらないので、抵抗なく活用を進めることができる。こうした段階を追って、環境を整備し、授業の改善に生かしていくことが、初期には大切なことである。

　一斉の指導場面でICTを活用し学習がスムーズに進むことで、個別やグループの活動を充実させることができる。そこでは、シンキングツール（考えを整理しやすくする汎用ワークシート）を使って個別の思考を深め、発表ボード（A3程度のホワイトボード）などを活用して協働学習を進めることが行われるようになってきている。

　個別学習の深まりやグループの協働学習を体験しているところに、タブレット端末や授業支援システムが入ってくると、操作は異なっても学習の活動としては同じなので、スムーズに学習活動の改善に向けていくことができる。

　このように、教師がなじみ、子どもがなじむ段階を大切に環境を整備していくことで、ICT活用の日常化は進んでいく。ICT活用環境の整備もニーズに合わせて、高機能でなくても今取り組まれている教育活動になじむものから、順に整備をしていきたい。

3．運用までを整備する

　ICT環境の整備で忘れてはならないのが、日常的な運用体制である。機器や教材を、日常的にいつでも使うことは、導入しただけでは実現しない。コン

ピュータ室の画面上のアイコンに番号をつけたり、日本語表記にするだけでも、子どもが使う時の説明はしやすくなる。教室に持って行くために、ケースを用意することでも日常化は進む。

また、使い方の基本ルールを整えることで混乱をなくし、授業が効果的に行えるようになっていく。こうした日常的な運用まで視野に入れて、ICT環境を整備する必要がある。

4．ICT支援員

教員は学習指導の専門家であり、すべての教員がICTについて専門的な知識や技能をもつことは難しい。そこで、授業のアイディアを実現するための相談や、教材準備などの支援をするICTの専門家としてのICT支援員が必要になる。ICT機器の設定やトラブル対応まで教員がするのではなく、教育活動に専念することで教育活動の質を向上させるためには、ICT支援員が授業の補助をできる体制を整えていきたい。

各校にICT支援員がいることが望ましいが、限られた予算のなかで有効に学習活動を支援できるように、教育委員会から希望により派遣をしたり、毎日ではなく限られた日だけ在駐したりするようにして運用されている。教育委員会が直接雇用する場合や、派遣会社からの派遣など、規模や状況に応じて形態の工夫も必要である。

第4節　ICT活用の研修

1．ICT機器活用のスキルと教育内容

ICT活用の研修というと、機器やソフトウェアの活用スキルの研修が行われることは少なくない。新しい機器が導入された時や、リプレースで機器が更新された時には、操作の仕方などの研修も欠かすことができない。導入時の研修をどのように行うかで、その後のICT活用の日常化が変わってくる。

ここで大切なのは、特別な機能や使い方ではなく、日常的によく使う機能や

使い方を取り上げることである。それも、日常の授業の場面に合わせて取り上げることで、受講している教職員が活用の様子をイメージできるようにしたい。

　導入時以外の研修においても、授業のなかでの活用につなげていくことが大切になる。ICT機器活用のスキルを取り上げるなかでも、指導の場面や内容から入ったり触れたりすることで、ICT活用の日常化につながっていく。これまでの授業場面との対比や、基本的な操作の類推として実際の場面につなげていくような研修のあり方が求められている。

2．研修の体制

　研修は、全員が必ず参加する悉皆研修と、希望者が参加する希望研修とが行われることが多い。そこでは、ICT活用のノウハウなどを学ぶことができる。しかし、大切なのはその後の日常的なOJTでの研修であろう。単にICT機器をどう使うかではなく、目標達成のために日々の授業のなかにどう位置づけるかという考え方を身につけていくには、日常的な授業のなかでの研修が欠かせない。

　研修で学んだことを実際にやってみる。自分の授業のなかにどう生かせるかを実際の授業のなかで体験することを通して、ICTを日常的に活用することができるようになっていく。日常的なOJTでは、身近に指導を仰げる人や相談できる人がいない場合もある。そのような時には、オンラインで教育情報を共有するための「教育情報共有ポータルサイト=CONTET」（https://www.contet.nier.go.jp/）などを利用することもできる。

第5節　ICT活用の視点

　ICT活用を、教育活動を工夫改善するための方法として考えていくことが大切である。指導方法を考える際の選択肢の一つに加えることで、教育活動はこれまでにない広がりをもつことができる。これまでできなかったことを実現する、あるいはこれまでしてきたことをより効率的にするための方法の一つな

のである。

　たとえば、従来からあるフラッシュカードは、算数の計算や、漢字の読み、英単語の学習などにおいて、くり返すことで習熟を目指す学習活動のなかで使われてきた。これを ICT を用いることで、提示のタイミングを自由に工夫することができるようになる。また、コピーが容易な ICT 活用の特性を使えばカードの作成にかける時間が短くなる。さらに、共同利用をしていくことで作成にかかる時間を指導に向けることもできるようになる。実際に、フラッシュ型コンテンツを相互に登録し、無料で利用することができる「e-teachers」（http://eteachers.jp/）のようなサイトも運用されている。

　ICT 活用を進めるには、特別なイベント的な活用よりは毎日の教育活動のなかで、1時間すべてではなく必要な場面で少しだけ使うことで十分である。すごい活用よりは、ちょっとした教育効果のある活動の積み重ねを大切にしたい。日々の教育活動を少しでも改善していく取り組みを続けることが、子供たちの学力の向上に効いてくる。その改善の積み重ねで、教育活動が充実し、向上していくことに寄与することができる。ICT 活用を進めていくことは、日々の教育活動を改善していくための取組なのである。

（西田　光昭）

【巻 末 資 料】

【用 語 解 説】

- **デジタル教科書**：教科書に準拠し、その内容をデジタル化した教材。先生が使う指導者用デジタル教科書と児童生徒が使う学習者用デジタル教科書がある。教科書は法で定められ、検定を経たものであるが、デジタル教科書は検定をしない。
- **電子黒板**：プロジェクタや大型テレビに映し出した画面に触れることで、書き込み、拡大縮小、保存などの機能を持たせたもの。テレビ一体型は大型テレビが電子黒板の機能を持つ物。
 ユニット型：プロジェクタで投影した画面にユニットを取り付けるもの。ボード型：自立したボードにプロジェクタで投影するもの。
 「電子黒板普及推進に資する調査研究事業サイト」が参考となる。http://edusight.uchida.co.jp/e-iwb/
- **フラッシュカード**：単語カードのように、表に問題、裏に答えが書いてあり、１枚ずつ提示して回答させることを繰り返すもの。
- **フラッシュ型コンテンツ**：フラッシュカードのように、問題をリズミカルに提示するデジタル教材。パワーポイントや、Excel を使って作られているものが多い。
- **発表ボード**：黒板に貼ったり、手に持ったりして、発表するための資料を提示するホワイトボード。
- **一斉・個別・グループ**：一斉は学級全体が一つになって学習を進めること、個別は学習者が一人ずつ自分で学習を進めることである。グループは学習者が複数で、話し合いをするなど協力して学習を進めることで、二人の場合はペアとも呼ぶ場合もある。
- **情報セキュリティ**：情報を部外者などから守って安全に使えるようにすること。機密性（Confidentiality）とは、許可された人だけが使えること。完全性（Integrity）とは正確で改竄されていないこと。可用性（Availability）は必要な時に許可された人が使えるというCIA が基本３要素と言われる。（参考 http://www.cec.or.jp/seculib/index.html）
- **授業支援システム**：コンピュータやタブレット端末を、子ども達が使って学習を進める時に、その画面などを教師が一斉に把握したり、その中から取りあげて提示して発表したりすることができるシステム。学習履歴を残すことや、アンケートなどの機能を持つものもある。
- **協働学習**：複数の学習者が、それぞれの意見を出し合ったり、説明しあったり、作業を分担したりして、課題に向かって学習をする学習スタイル。協働学習（文部科学省）協働教育

(総務省)、協同学習、共同学習、協調学習など、類似した呼び方がある。
- **キーロガ**：キーボード入力など、コンピュータの操作をすべて自動的に記録するためのソフトウエアやハードウエアを指す。近年では、不特定多数の人が利用するコンピュータに仕掛けて、ユーザー ID やパスワードを盗むなど悪用事例が増加している。
- **L3スイッチ**：LAN 内のネットワーク間のルーティングを高速に行うことができるスイッチングハブをさす。
- **OJT（On-the-Job Training）**：職務を遂行する中で、研修を進めること。
- **タブレット端末**：画面をタッチして操作をすることができるパソコンの総称。タブレットパソコンとも呼ばれ、スレート型、ハイブリッド型、コンバーチブル型などがある。
- **WPA2-AES**：無線 LAN への接続を認証し、Wi-Fi ルータと iPhone との間で行う通信を暗号化する技術をいう。
- **実物投影機**：手元の資料などを撮影し、プロジェクターや大型テレビに映し出すためのカメラがついたもの。書画カメラとも言われるが、文部科学省の作成資料などでは実物投影機とされている。

【情報教育教材リンク集】
- **アプリゼミ** https://www.applizemi.com/ ：小学校で使用している教科書に沿った通信教育の無料アプリ。手持ちのスマートフォンやタブレットで使用できる。
- **Ednity** http://www.ednity.com/ ：エドニティは、情報共有をチャット感覚で行うことができ、オンラインで発言するなか全員の意見を聞くことができる。また、参考資料やプリントなどを、いつでもどこでも簡単に共有することが可能となる。
- **e-teachers** http://eteachers.jp/ ：特別支援教育におけるフラッシュ型教材のダウンロードサイト。
- **グーパ** http://www.goo-pa.jp/ ：小学校の児童をつなぐコミュニティサイト（SNS：ソーシャルネットワーキングサービス）。
- **スクールタクト** http://schooltakt.com/ ：School Takt（旧 Real-time LMS）は、iPad などのタブレット端末を 1 人 1 台持っている環境で使う LMS（Learning Management System）をいう。PDF の教材をアップロードするだけで生徒の学習状況をリアルタイムで把握でき、お互いの解答を共有することで「みんなで学び合う」学習環境を簡単に構築できる。Web ブラウザさえあれば利用できるため、PC、タブレット、スマホなど機種を問わず活用が可能である。
- **シンキングツール短縮版** http://ks-lab.net/haruo/thinking_tool/ ：思考を整理するためのベン図やイメージマップなど考えることを支援するツール。

- らくらく先生スイート　http://www.chieru.co.jp/products/rakuraku/index.html　：タブレット対応教務支援システムで教材、座席表評価、授業計画、授業支援に活用できるシステムである。
- ロイロノート　http://loilo.tv/jp/product/ipad_edu_note　：写真、動画、テキスト、手書きなどのカードを線でつないで伝え合い、発表するというプロセスを通じて、さまざまな社会現象を多面的にとらえ問題解決に繋げる力を養うことを目的に活用が可能である。

【資料リンク集】

- CYBER RINKS　学校情報化診断システム〜教育の質の向上のために〜
  http://www.check-ict.jp/
- 国立教育政策研究所　教育情報共有ポータルサイト＝CONTET
  https://www.contet.nier.go.jp/
- 日本教育工学協会　学校におけるICT活用のための管理職研修プログラム
  http://jslict.org/
- 日本教育情報化振興会　http://www.japet.or.jp/
- 文部科学省　学校教育の情報化に関する懇談会　これまでの主な意見（第1回〜第6回）
  http://www.mext.go.jp/a_menu/shotou/zyouhou/1296728.htm
- 文部科学省　教員のICT活用指導力チェックリスト　P27参照
  平成25年度における教育の情報科の実態等に関する調査結果（概要）
  http://www.mext.go.jp/a_menu/shotou/zyouhou/__icsFiles/afieldfile/2014/09/25/1350411_01.pdf
- 文部科学省　「教育の情報化に関する手引」掲載リンク集
  http://www.mext.go.jp/a_menu/shotou/zyouhou/1296898.htm
- 文部科学省　初等中等教育の情報教育に係る学習活動の具体的展開　・日本教育工学振興会　「"IT授業"実践ナビ」　・放送大学　ICTを活用した指導の効果の調査　・「学力向上ICT活用指導ハンドブック」　・「情報モラル指導モデルカリキュラム」　・「情報モラル指導実践キックオフガイド」　・「情報モラル指導セミナー　5分で分かる情報モラル」　・「情報モラル指導ポータルサイト」　・「情報モラル指導者研修ハンドブック」　・「教員のICT活用指導力の基準（チェックリスト）」　・「教員研修Web総合システムTRAIN」　・「教員のICT活用指導力向上／研修テキスト」　・「校務の情報化の現状と今後の在り方に関する研究」　・「学校のICT化のサポート体制の在り方について」　・「技術分野別特許マップ」　・「校内ネットワークを活用しよう！」　・「校内LAN導入の手引〜校内LANモデルプラン集〜」　・「国立特別支援教育総合研究所」　「発達障害教育情報センター」　・「特

別支援学校施設整備指針」・「障害のある子どもたちのための情報機器設備ガイドブック Web 版」・「情報関連支援機器等展示室「i ライブラリー」」

【海外プログラムリンク】
・フィンランド　いじめ予防プログラム KiVa　http://www.kivaprogram.net/
・オーストラリア政府　いじめについて学べるスマートフォン用アプリ
「Queensland Government-Department of Education and Training」
http://education.qld.gov.au/

執筆者紹介

原田恵理子（編者、第9章、コラム）東京情報大学

森山賢一（編者、第1章）玉川大学

長谷川元洋（第2章）金城学院大学

滑川敬章（第3章）千葉県立柏の葉高等学校（執筆時）

松田　孝（第4章、コラム）多摩市立愛和小学校

鈴木二正（第5章、コラム）慶應義塾幼稚舎

髙瀬浩之（第6章）松戸市立和名ケ谷中学校

永野　直（第7章）千葉県立袖ヶ浦高等学校

日髙　学（コラム）千葉県立袖ヶ浦高等学校

青山郁子（コラム）静岡大学

西田光昭（第10章）柏市立柏第二小学校

編著者紹介

原田　恵理子（はらだ　えりこ）
　　東京情報大学総合情報学部／教養・教職課程　准教授　博士（心理学）
　　専攻　臨床発達心理学・学校臨床心理学・学校心理学・教育心理学
　　著書　『自己成長を目指す教職実践演習』（北樹出版）
　　　　　『高校生のためのソーシャルスキル教育』（ナカニシヤ出版）
　　　　　『生徒指導論』（大学教育出版）
　　　　　『進路指導論』（大学教育出版）　他、多数。

森山　賢一（もりやま　けんいち）
　　玉川大学大学院教育学研究科教授　東京情報大学客員教授　博士（人間科学）
　　専攻　教育内容・方法学、教師教育学
　　著書　『自己成長を目指す教職実践演習』（北樹出版）
　　　　　『教育学概論』（岩崎学術出版社）
　　　　　『教職課程編成論』（学文社）　他、多数。
　　訳書　『カリキュラムと目的　学校教育を考える』（玉川大学出版部）　など。

ICTを活用した新しい学校教育

2015年8月15日　初版第1刷発行

編著者　　原田恵理子
　　　　　森山　賢一
発行者　　木村　哲也
印刷　新灯印刷／製本　新灯印刷

発行所　株式会社　北樹出版
〒153-0061　東京都目黒区中目黒1-2-6
URL : http://www.hokuju.jp
電話(03)3715-1525(代表)　FAX(03)5720-1488

Ⓒ Eriko Harada & Kenichi Moriyama 2015, Printed in Japan
ISBN 978-4-7793-0474-3
（落丁・乱丁の場合はお取り替えします）